全国普法学习读本
★★★★★

肥料饲料管理法律法规学习读本

肥料综合管理法律法规

■ 曾 朝 主编

加大全民普法力度,建设社会主义法治文化,树立宪法法律至上、法律面前人人平等的法治理念。

——中国共产党第十九次全国代表大会《决胜全面建成小康社会 夺取新时代中国特色社会主义伟大胜利》

汕头大学出版社

图书在版编目（CIP）数据

肥料综合管理法律法规／曾朝主编. -- 汕头：汕头大学出版社（2021.7重印）
（肥料饲料管理法律法规学习读本）
ISBN 978-7-5658-3521-6

Ⅰ.①肥… Ⅱ.①曾… Ⅲ.①肥料-综合管理-法规-中国-学习参考资料 Ⅳ.①D922.44

中国版本图书馆 CIP 数据核字（2018）第 038066 号

| 肥料综合管理法律法规 | FEILIAO ZONGHE GUANLI FALÜ FAGUI |

主　　编：曾　朝
责任编辑：邹　峰
责任技编：黄东生
封面设计：大华文苑
出版发行：汕头大学出版社
　　　　　广东省汕头市大学路 243 号汕头大学校园内　邮政编码：515063
电　　话：0754-82904613
印　　刷：三河市南阳印刷有限公司
开　　本：690mm×960mm 1/16
印　　张：18
字　　数：226 千字
版　　次：2018 年 5 月第 1 版
印　　次：2021 年 7 月第 2 次印刷
定　　价：59.60 元（全 2 册）

ISBN 978-7-5658-3521-6

版权所有，翻版必究
如发现印装质量问题，请与承印厂联系退换

前　言

习近平总书记指出："推进全民守法，必须着力增强全民法治观念。要坚持把全民普法和守法作为依法治国的长期基础性工作，采取有力措施加强法制宣传教育。要坚持法治教育从娃娃抓起，把法治教育纳入国民教育体系和精神文明创建内容，由易到难、循序渐进不断增强青少年的规则意识。要健全公民和组织守法信用记录，完善守法诚信褒奖机制和违法失信行为惩戒机制，形成守法光荣、违法可耻的社会氛围，使遵法守法成为全体人民共同追求和自觉行动。"

中共中央、国务院曾经转发了中央宣传部、司法部关于在公民中开展法治宣传教育的规划，并发出通知，要求各地区各部门结合实际认真贯彻执行。通知指出，全民普法和守法是依法治国的长期基础性工作。深入开展法治宣传教育，是全面建成小康社会和新农村的重要保障。

普法规划指出：各地区各部门要根据实际需要，从不同群体的特点出发，因地制宜开展有特色的法治宣传教育坚持集中法治宣传教育与经常性法治宣传教育相结合，深化法律进机关、进乡村、进社区、进学校、进企业、进单位的"法律六进"主题活动，完善工作标准，建立长效机制。

特别是农业、农村和农民问题，始终是关系党和人民事业发展的全局性和根本性问题。党中央、国务院发布的《关于推进社会主义新农村建设的若干意见》中明确提出要"加强农村法制建设，深入开展农村普法教育，增强农民的法制观念，提高农民依法行使权利和履行义务的自觉性。"多年普法实践证明，普及法律知识，提高法制观念，增强全社会依法办事意识具有重要作用。特别是在广大农村进行普法教育，是提高全民法律素质的需要。

多年来，我国在农村实行的改革开放取得了极大成功，农村发生了翻天覆地的变化，广大农民生活水平大大得到了提高。但是，由于历史和社会等原因，现阶段我国一些地区农民文化素质还不高，不学法、不懂法、不守法现象虽然较原来有所改变，但仍有相当一部分群众的法制观念仍很淡化，不懂、不愿借助法律来保护自身权益，这就极易受到不法的侵害，或极易进行违法犯罪活动，严重阻碍了全面建成小康社会和新农村步伐。

为此，根据党和政府的指示精神以及普法规划，特别是根据广大农村农民的现状，在有关部门和专家的指导下，特别编辑了这套《全国普法学习读本》。主要包括了广大人民群众应知应懂、实际实用的法律法规。为了辅导学习，附录还收入了相应法律法规的条例准则、实施细则、解读解答、案例分析等；同时为了突出法律法规的实际实用特点，兼顾地方性和特殊性，附录还收入了部分某些地方性法律法规以及非法律法规的政策文件、管理制度、应用表格等内容，拓展了本书的知识范围，使法律法规更"接地气"，便于读者学习掌握和实际应用。

在众多法律法规中，我们通过甄别，淘汰了废止的，精选了最新的、权威的和全面的。但有部分法律法规有些条款不适应当下情况了，却没有颁布新的，我们又不能擅自改动，只得保留原有条款，但附录却有相应的补充修改意见或通知等。众多法律法规根据不同内容和受众特点，经过归类组合，优化配套。整套普法读本非常全面系统，具有很强的学习性、实用性和指导性，非常适合用于广大农村和城乡普法学习教育与实践指导。总之，是全国全民普法的良好读本。

目 录

肥料登记管理办法

第一章　总　则 …………………………………………（1）
第二章　登记申请 …………………………………………（2）
第三章　登记审批 …………………………………………（4）
第四章　登记管理 …………………………………………（6）
第五章　罚　则 ……………………………………………（7）
第六章　附　则 ……………………………………………（7）
附　录
　肥料登记资料要求 ……………………………………（11）
　肥料登记申请书 ………………………………………（48）
　肥料续展登记申请书 …………………………………（55）
　肥料变更登记申请书 …………………………………（60）
　肥料登记产品标签样式要求 …………………………（64）
　肥料登记产品备案申请表 ……………………………（65）

测土配方施肥试点补贴资金管理暂行办法

第一章　总　则 ……………………………………………（67）
第二章　补贴对象、补贴内容和补贴标准 ………………（68）
第三章　项目申报与资金拨付 ……………………………（69）
第四章　管理与监督 ………………………………………（70）

第五章　附　则……………………………………………（71）

附　录

测土配方施肥补贴项目验收暂行办法………………………（72）

农业部　工业和信息化部　国家质量监督检验检疫总局
关于加快配方肥推广应用的意见……………………（79）

化肥淡季商业储备管理办法（2016年修订）（征求意见稿）

第一章　总　则……………………………………………（86）

第二章　化肥淡储管理……………………………………（87）

第三章　化肥淡储规模及分布……………………………（87）

第四章　承储企业基本条件及选定方式…………………（88）

第五章　淡储协议履行……………………………………（90）

第六章　淡储任务指标考核………………………………（91）

第七章　承储企业责任……………………………………（92）

第八章　监督检查…………………………………………（93）

第九章　贴息管理…………………………………………（94）

第十章　附　则……………………………………………（95）

附　录

工业和信息化部关于推进化肥行业转型发展的指导意见…（97）

国务院关于进一步深化化肥流通体制改革的决定……（105）

国家发展改革委关于推进化肥用气价格市场化
改革的通知………………………………………（108）

财政部、海关总署、国家税务总局关于对化肥恢复
征收增值税政策的通知…………………………（110）

财政部、国家税务总局关于对化肥恢复征收增值税政策的
　　补充通知 ……………………………………………… (112)
国家税务总局关于化肥恢复征收增值税后库存化肥
　　有关税收管理事项的公告 ……………………………… (114)

化肥进口组织实施办法

第一章　总　则 ……………………………………………… (116)
第二章　代理进口企业 ……………………………………… (117)
第三章　总量的平衡、下达 ………………………………… (117)
第四章　反馈与调整 ………………………………………… (118)
第五章　指导和协调进口代理工作 ………………………… (120)
第六章　罚　则 ……………………………………………… (121)
第七章　附　则 ……………………………………………… (122)

化肥进口关税配额管理暂行办法

第一章　总　则 ……………………………………………… (124)
第二章　化肥关税配额管理机构 …………………………… (125)
第三章　关税配额内进口 …………………………………… (126)
第四章　关税配额有效期及调整 …………………………… (127)
第五章　国营贸易和非国营贸易 …………………………… (128)
第六章　罚　则 ……………………………………………… (129)
第七章　附　则 ……………………………………………… (129)
附　录
2018年化肥进口关税配额总量、分配原则及相关程序…… (131)

肥料登记管理办法

中华人民共和国农业部令

第 38 号

《农业部关于修订农业行政许可规章和规范性文件的决定》于 2004 年 7 月 1 日发布,自 2004 年 7 月 1 日起施行。

农业部部长

2004 年 7 月 1 日

(2000 年 6 月 12 日农业部常务会议通过;根据 2004 年 7 月 1 日中华人民共和国农业部令第 38 号修正)

第一章 总 则

第一条 为了加强肥料管理,保护生态环境,保障人畜安全，促进农业生产，根据《中华人民共和国农业法》等法律法规，制定本办法。

第二条 在中华人民共和国境内生产、经营、使用和宣传肥料产品，应当遵守本办法。

第三条 本办法所称肥料，是指用于提供、保持或改善植物营养和土壤物理、化学性能以及生物活性，能提高农产品产量，或改善农产品品质，或增强植物抗逆性的有机、无机、微生物及其混合物料。

第四条 国家鼓励研制、生产和使用安全、高效、经济的肥料产品。

第五条 实行肥料产品登记管理制度，未经登记的肥料产品不得进口、生产、销售和使用，不得进行广告宣传。

第六条 肥料登记分为临时登记和正式登记两个阶段：

（一）临时登记：经田间试验后，需要进行田间示范试验、试销的肥料产品，生产者应当申请临时登记。

（二）正式登记：经田间示范试验、试销可以作为正式商品流通的肥料产品，生产者应当申请正式登记。

第七条 农业部负责全国肥料登记和监督管理工作。

省、自治区、直辖市人民政府农业行政主管部门协助农业部做好本行政区域内的肥料登记工作。

县级以上地方人民政府农业行政主管部门负责本行政区域内的肥料监督管理工作。

第二章 登记申请

第八条 凡经工商注册，具有独立法人资格的肥料生产者均可提出肥料登记申请。

第九条 农业部制定并发布《肥料登记资料要求》。

肥料生产者申请肥料登记，应按照《肥料登记资料要求》提供产品化学、肥效、安全性、标签等方面资料和有代表性的肥料样品。

第十条 农业部负责办理肥料登记受理手续，并审查登记申请资料是否齐全。

境内生产者申请肥料临时登记，其申请登记资料应经其所在地省级农业行政主管部门初审后，向农业部提出申请。

第十一条 生产者申请肥料临时登记前，须在中国境内进行规范的田间试验。

生产者申请肥料正式登记前，须在中国境内进行规范的田间示范试验。

对有国家标准或行业标准，或肥料登记评审委员会建议经农业部认定的产品类型，可相应减免田间试验和/或田间示范试验。

第十二条 境内生产者生产的除微生物肥料以外的肥料产品田间试验，由省级以上农业行政主管部门认定的试验单位承担，并出具试验报告；微生物肥料、国外以及港、澳、台地区生产者生产的肥料产品田间试验，由农业部认定的试验单位承担，并出具试验报告。

肥料产品田间示范试验，由农业部认定的试验单位承担，并出具试验报告。

省级以上农业行政主管部门在认定试验单位时，应坚持公正的原则，综合考虑农业技术推广、科研、教学试验单位。

经认定的试验单位应接受省级以上农业行政主管部门的监督管理。试验单位对所出具的试验报告的真实性承担法律责任。

第十三条 有下列情形的肥料产品，登记申请不予受理：

（一）没有生产国使用证明（登记注册）的国外产品；

（二）不符合国家产业政策的产品；

（三）知识产权有争议的产品；

（四）不符合国家有关安全、卫生、环保等国家或行业标准要求的产品。

第十四条 对经农田长期使用，有国家或行业标准的下列产品免予登记：

硫酸铵，尿素，硝酸铵，氰氨化钙，磷酸铵（磷酸一铵、二铵），硝酸磷肥，过磷酸钙，氯化钾，硫酸钾，硝酸钾，氯化铵，碳酸氢铵，钙镁磷肥，磷酸二氢钾，单一微量元素肥，高浓度复合肥。

第三章　登记审批

第十五条 农业部负责全国肥料的登记审批、登记证发放和公告工作。

第十六条 农业部聘请技术专家和管理专家组织成立肥料登记评审委员会，负责对申请登记肥料产品的产品化学、肥效和安全性等资料进行综合评审。

第十七条 农业部根据肥料登记评审委员会的综合评审意

见，在评审结束后20日内作出是否颁发肥料临时登记证或正式登记证的决定。

肥料登记证使用《中华人民共和国农业部肥料审批专用章》。

第十八条 农业部对符合下列条件的产品直接审批、发放肥料临时登记证：

（一）有国家或行业标准，经检验质量合格的产品。

（二）经肥料登记评审委员会建议并由农业部认定的产品类型，申请登记资料齐全，经检验质量合格的产品。

第十九条 农业部根据具体情况决定召开肥料登记评审委员会全体会议。

第二十条 肥料商品名称的命名应规范，不得有误导作用。

第二十一条 肥料临时登记证有效期为一年。肥料临时登记证有效期满，需要继续生产、销售该产品的，应当在有效期满两个月前提出续展登记申请，符合条件的经农业部批准续展登记。续展有效期为一年。续展临时登记最多不能超过两次。

肥料正式登记证有效期为五年。肥料正式登记证有效期满，需要继续生产、销售该产品的，应当在有效期满六个月前提出续展登记申请，符合条件的经农业部批准续展登记。续展有效期为五年。

登记证有效期满没有提出续展登记申请的，视为自动撤销登记。登记证有效期满后提出续展登记申请的，应重新办理登记。

第二十二条 经登记的肥料产品，在登记有效期内改变使用范围、商品名称、企业名称的，应申请变更登记；改变成分、剂型的，应重新申请登记。

第四章 登记管理

第二十三条 肥料产品包装应有标签、说明书和产品质量检验合格证。标签和使用说明书应当使用中文，并符合下列要求：

（一）标明产品名称、生产企业名称和地址；

（二）标明肥料登记证号、产品标准号、有效成分名称和含量、净重、生产日期及质量保证期；

（三）标明产品适用作物、适用区域、使用方法和注意事项；

（四）产品名称和推荐适用作物、区域应与登记批准的一致；

禁止擅自修改经过登记批准的标签内容。

第二十四条 取得登记证的肥料产品，在登记有效期内证实对人、畜、作物有害，经肥料登记评审委员会审议，由农业部宣布限制使用或禁止使用。

第二十五条 农业行政主管部门应当按照规定对辖区内的肥料生产、经营和使用单位的肥料进行定期或不定期监督、检查，必要时按照规定抽取样品和索取有关资料，有关单位不得拒绝和隐瞒。对质量不合格的产品，要限期改进。对质量连续不合格的产品，肥料登记证有效期满后不予续展。

第二十六条 肥料登记受理和审批单位及有关人员应为生产者提供的资料和样品保守技术秘密。

第五章 罚 则

第二十七条 有下列情形之一的,由县级以上农业行政主管部门给予警告,并处违法所得3倍以下罚款,但最高不得超过30000元;没有违法所得的,处10000元以下罚款:

(一) 生产、销售未取得登记证的肥料产品;

(二) 假冒、伪造肥料登记证、登记证号的;

(三) 生产、销售的肥料产品有效成分或含量与登记批准的内容不符的。

第二十八条 有下列情形之一的,由县级以上农业行政主管部门给予警告,并处违法所得3倍以下罚款,但最高不得超过20000元;没有违法所得的,处10000元以下罚款:

(一) 转让肥料登记证或登记证号的;

(二) 登记证有效期满未经批准续展登记而继续生产该肥料产品的;

(三) 生产、销售包装上未附标签、标签残缺不清或者擅自修改标签内容的。

第二十九条 肥料登记管理工作人员滥用职权,玩忽职守、徇私舞弊、索贿受贿,构成犯罪的,依法追究刑事责任;尚不构成犯罪的,依法给予行政处分。

第六章 附 则

第三十条 生产者办理肥料登记,应按规定交纳登记费。

生产者进行田间试验和田间示范试验，应按规定提供有代表性的试验样品并支付试验费。试验样品须经法定质量检测机构检测确认样品有效成分及其含量与标明值相符，方可进行试验。

第三十一条　省、自治区、直辖市人民政府农业行政主管部门负责本行政区域内的复混肥、配方肥（不含叶面肥）、精制有机肥、床土调酸剂的登记审批、登记证发放和公告工作。省、自治区、直辖市人民政府农业行政主管部门不得越权审批登记。

省、自治区、直辖市人民政府农业行政主管部门参照本办法制定有关复混肥、配方肥（不含叶面肥）、精制有机肥、床土调酸剂的具体登记管理办法，并报农业部备案。

省、自治区、直辖市人民政府农业行政主管部门可委托所属的土肥机构承担本行政区域内的具体肥料登记工作。

第三十二条　省、自治区、直辖市农业行政主管部门批准登记的复混肥、配方肥（不含叶面肥）、精制有机肥、床土调酸剂，只能在本省销售使用。如要在其他省区销售使用的，须由生产者、销售者向销售使用地省级农业行政主管部门备案。

第三十三条　下列产品适用本办法：

（一）在生产、积造有机肥料过程中，添加的用于分解、熟化有机物的生物和化学制剂；

（二）来源于天然物质，经物理或生物发酵过程加工提炼的，具有特定效应的有机或有机无机混合制品，这种效应不仅包括土壤、环境及植物营养元素的供应，还包括对植物生长的促进作用。

第三十四条　下列产品不适用本办法：

（一）肥料和农药的混合物；

（二）农民自制自用的有机肥料。

第三十五条　本办法下列用语定义为：

（一）配方肥是指利用测土配方技术，根据不同作物的营养需要、土壤养分含量及供肥特点，以各种单质化肥为原料，有针对性地添加适量中、微量元素或特定有机肥料，采用掺混或造粒工艺加工而成的，具有很强的针对性和地域性的专用肥料。

（二）叶面肥是指施于植物叶片并能被其吸收利用的肥料。

（三）床土调酸剂是指在农作物育苗期，用于调节育苗床土酸度（或pH值）的制剂。

（四）微生物肥料是指应用于农业生产中，能够获得特定肥料效应的含有特定微生物活体的制品，这种效应不仅包括了土壤、环境及植物营养元素的供应，还包括了其所产生的代谢产物对植物的有益作用。

（五）有机肥料是指来源于植物和/或动物，经发酵、腐熟后，施于土壤以提供植物养分为其主要功效的含碳物料。

（六）精制有机肥是指经工厂化生产的，不含特定肥料效应微生物的，商品化的有机肥料。

（七）复混肥是指氮、磷、钾三种养分中，至少有两种养分标明量的肥料，由化学方法和/或物理加工制成。

（八）复合肥是指仅由化学方法制成的复混肥。

第三十六条 本办法所称"违法所得"是指违法生产、经营肥料的销售收入。

第三十七条 本办法由农业部负责解释。

第三十八条 本办法自发布之日起施行。农业部1989年发布、1997年修订的《中华人民共和国农业部关于肥料、土壤调理剂及植物生长调节剂检验登记的暂行规定》同时废止。

附 录

肥料登记资料要求

中华人民共和国农业部公告

第 161 号

根据《肥料登记管理办法》(农业部令第 32 号) 第 9 条之规定,制定《肥料登记资料要求》,现予公告。

农业部
二〇〇一年五月二十五日

本《肥料登记资料要求》适用于由农业部批准登记的肥料产品。省、自治区、直辖市农业行政主管部门负责登记的复混肥、配方肥(不含叶面肥)、精制有机肥和床土调酸剂的登记资料要求,可参照本要求执行或另行制定。

一、概要

(一) 申请者

申请者应是经工商行政管理机关正式注册,具有独立法人资格的肥料生产者。

国外及港、澳、台地区肥料生产者可由其在中国设的办事处或委托的代理机构作为申请者。

（二）登记类型

根据《肥料登记管理办法》，肥料登记分四种类型：

1. 临时登记——经田间小区试验后，需要进行田间示范试验、试销的肥料产品，生产者应当申请临时登记。

2. 正式登记——在获得临时登记后，经田间示范试验、试销可以作为正式商品流通的肥料产品，生产者应当申请正式登记。

3. 续展登记——登记证有效期满，需要继续生产、销售该产品的，生产者应当申请续展登记。

4. 变更登记——在登记证有效期内，改变产品使用范围、名称和企业名称等未涉及产品质量的，生产者应当申请变更登记。

（三）申请肥料登记应当按照登记类型填写申请表和提供相关资料

申请者所提供登记资料，应列出总目录，包括所有资料的标题、排列位置和页码。

二、登记资料

（一）临时登记

申请临时登记，申请者应填写《肥料临时/正式登记申请表》（见附件6的附表6-1），并提交下列中文资料（3份）及肥料样品。其中，毒性报告、菌种安全鉴定报告可以在办理登记时委托受理单位送相关或指定单位办理；残留试验及残留检测方法资料，如没有要求可不提交。

1. 生产者基本概况

首次申请肥料登记，应提供肥料生产企业的基本情况资料。包括：

（1）工商注册证明文件。

境内产品，提交工商行政管理机关颁发的企业注册证明文件复印件（加盖发证机关确认章）。工商营业执照的经营范围应包括申请登记的肥料类。

国外及港、澳、台地区产品，提交生产企业所在国（地区）政府签发的企业注册证书和肥料管理机构批准的生产、销售证明，以及企业符合肥料生产质量管理规范的证明文件和在其他国家登记使用情况。这些证明文件必须先在企业所在国（地区）公证机构办理公证或由企业所在国（地区）外交部门（或外交部门授权的机构）认证，再经中华人民共和国驻企业所在国（地区）使馆（或领事馆）确认。

（2）生产企业基本情况资料。

包括企业的基本概况、人员组成、技术力量、生产规模、设计规模等。

（3）产品及生产工艺概述资料。

包括①产品类型、产品名称、技术来源、主要有效成分；②产品剂型、可溶性、稳定性、质量保证期；③适用作物范围以及对作物产量、质量、环境生态的影响；④生产基本设备和生产工艺流程简述。

微生物肥料还应提供使用微生物菌种的来源、分类地位、培养条件、检测方法、菌种安全性，以及产品中所使用菌种的鉴定材料、菌体、菌落照片和抹片等资料。

国外及港、澳、台地区产品还应提交在其他国家（地区）登记使用情况，产品原文商品名和化学名，以及主要成分的商品名、化学名、结构式或分子式。

（4）商标注册证明。

商标注册为非强制性法律文本，但建议生产者申请商标注册。属协议使用商标的，应提交商标持有者允许使用该商标的协议书等合法文件。

（5）无知识产权争议的声明。

2. 产品执行标准

（1）境内产品，应提交产品执行标准。有国家标准或行业标准的产品，产品的企业标准中各项技术指标，原则上不得低于国家标准或行业标准的要求。企业标准必须提供产品各项技术指标的详细分析方法，包括原理、试剂和材料、仪器设备、分析步骤、分析结果的表述、允许差等内容。分析方法引用相关国际标准、国家标准、行业标准，要注明引用标准号及具体引用条款。

微生物肥料产品的标准，还应提供检测用的微生物培养基配方、培养条件、菌体特征等资料。

企业标准必须经所在地标准化行政主管部门备案。

（2）国外及港、澳、台地区产品，应提供肥料的理化性状、质量控制指标和检验方法，以及企业所在国（地区）公证机构公证的产品质量保证证明。

3. 产品标签样式（包括标识、使用说明书）

产品和包装标明的所有内容，不得以错误的、引起误解的或欺骗性的方式描述或介绍产品；所有文字必须合乎规范的汉字，可以同时使用汉语拼音、少数民族文字或外文，但不得大于汉字，计量单位应当使用法定计量单位。

产品标签应包含以下内容：

（1）产品名称（以醒目大字表示）：应当使用表明该产品真实属性的专用名称，并符合下列条件：

①国家标准、行业标准对产品名称有规定的，应当采用国家标准、行业标准规定的名称；

②国家标准、行业标准对产品名称没有规定的，应当使用不使消费者误解或混淆的常用名称或俗名；

③在使用"商标名称"或其他名称时，必须同时使用本条①或②规定的任意一个名称。

（2）预留肥料登记证号位置。

（3）产品执行标准号。境内产品，应当标明企业所执行的国家标准、行业标准或经备案的企业标准的编号。

（4）有效成分的名称和含量。

（5）净含量。

（6）生产者名称和地址。境内产品，必须标明经依法登记注册的、能承担产品质量责任的生产者的名称和地址。国外及港、澳、台地区产品，应当标明该产品的原产地（国家或地区），以及代理商在中国依法注册的名称和地址。

（7）使用说明。按申请登记的适用作物简述安全有效的使用时期、使用量和使用方法及有关注意事项。

（8）生产日期。如产品需限期使用，则应标注保质期或失效日期。如产品的保质期与贮藏条件有关，则必须标明产品的贮藏方法。

（9）必要的警示标志和贮存要求。对于易碎、怕压、需要防潮、不能倒置以及其它特殊要求的产品，应标注警示标志或中文警示说明，标注贮运注意事项。

（10）限用范围。

（11）与其他物质混用禁忌。

对于销售包装的最大表面积小于 10 平方厘米的，标签内容可仅为产品名称、生产者名称、生产日期、保质期，其它内容可以标注在产品的其它说明物上。

以上内容，（1）至（9）项是必需的，（10）和（11）项根据申请者申报的产品资料情况由农业部确定是否需要。如在执行过程中国家出台新规定，按新规定规范。

4. 肥料效应小区试验资料

境内肥料产品（除微生物肥料以外），应提交由省级以上农业行政主管部门认定单位最近 3 年内（以受理之日为基准，下同）完成并出具的试验资料；微生物肥料产品和国外及港、澳、台地区肥料产品，应提交由农业部认定单位最近 3 年内完成并出具的试验资料。登记肥料肥效试验技术规程（暂行）见附件 5。

肥料效应小区试验资料包括：

（1）田间试验肥料的样品检测报告。

由省级以上经计量认证的肥料检验机构检测出具。

（2）田间试验报告。

报告应是与标签（说明书）标明的产品主要功效相对应的、每一种作物1年2种以上（含）不同的土壤类型地区或2年1种土壤类型地区的试验结果。

报告的格式和内容：

——试验日期、地点、依据、单位（盖章）和主持人签名（中级以上职称）。

——供试肥料的生产者名称、产品分类、产品名称、剂型、含量及来源。

——供试作物。

——使用方法、用量、时期、次数。

——处理、重复次数、小区面积和对照。

微生物肥料产品，试验处理要有经强放射性辐照如放射性同位素60Co灭菌的产品作基质对照。

——土壤条件和气候条件。

——试验数据生物统计分析结果：1）对产量的影响；2）对收获物品质的影响；3）对生态环境等其他方面的影响；4）对肥料效益评价，并推荐最佳施肥量范围、最佳施用生长期和使用方法。

——产品特点和使用注意事项。

（3）作用方式和作用机制研究报告。

根据申请者提供的产品资料情况，由农业部确定是否提交。

（4）国外及港、澳、台地区产品在本国（地区）或其他国家（地区）的肥效试验结果报告。

5. 毒性报告

由省级以上卫生行政部门认定单位出具的产品经口急性毒性试验报告。

报告格式和内容：

——试验日期、地点、依据、单位（盖章）和技术负责人姓名（签名）。

——受试肥料名称（通用名、商品名）、剂型、性状、含量、处理及来源。

——受试动物的来源、品系、数目、性别、体重范围。

——染毒途径、剂量分组、空腹时间及灌胃量。

——观察期限、中毒症状、死亡时间。

——半数致死量（LD50）及其95%可信限、结论。

特殊产品根据申请者提交的资料情况，由农业部商有关部门确定是否提交或进行产品的其它类型毒性试验。

6. 菌种安全鉴定报告

微生物肥料或含特定微生物起作用的产品，应提交菌种安全鉴定报告。菌种安全鉴定统一送指定单位（见附件3）进行。

国家级菌种保藏机构出售的菌种，如提供有售出单位出具的安全鉴定报告，可免于进行菌种安全鉴定。

经安全鉴定的菌种，其微生物菌剂类产品可以免提交毒性报告。

根据安全鉴定的不同要求，菌种分为三级：第一级为免做安全鉴定的菌种,第二级为应做急性毒性鉴定的菌种,第三级为应做非病原微生物鉴定的菌种。对新出现不在菌种分级目录范围内的菌种,菌种安全鉴定分级要求由肥料评审委员会提出建议,农业部确定。菌种分级目录具体见附件4。

7. 残留试验及残留检测方法资料

根据申请者提交的资料情况,由农业部确定是否需要进行产品残留试验和提交有关资料。

残留试验及残留检测方法资料包括:

(1) 残留试验报告。

产品残留试验由农业部指定单位承担,在2个以上不同自然条件地区以田间小区规范试验方式连续进行2年。

报告格式和内容:

——试验日期、地点、依据、单位(盖章)和技术负责人签名(中级以上职称)。

——试验肥料产品分类、产品名称、剂型、性状、含量及来源。

——应试作物。

——使用方法、用量(浓度)、时期、次数、器械。

——处理、重复次数、小区面积(或株数)和取样时间。

——分析的项目(可食用部分、土壤和/或水,特殊肥料增加检测气体排放量)。

——试验地土壤的pH值、质地、有机质和各种养分含量,以及水的pH值,及气候条件、耕作制度。

——所用残留分析方法来源及回收率、变异系数、方法灵敏度（最低检出量或最低检出浓度）。

——试验结果：作物、土壤、水（含地下水）中残留量和时间的关系（即消解动态）；常规使用量和高于常用量1.5—2.0倍条件下，作物、土壤耕作层、水中的实际残留量。

（2）残留分析方法资料。

包括测定作物、土壤、水中肥料组成及其转化物的分析方法。内容含原理、仪器、试剂、制作步骤（包括提取、净化及仪器条件）、结果计算，以及方法来源。

（3）在作物中的代谢资料。

包括吸收、转化、分布、最终代谢物及其毒性。

（4）国外及港、澳、台地区产品在其他国家（地区）的残留试验数据资料。

包括在作物、土壤、水和农畜初级产品中的残留量。

8. 肥料样品

境内产品由生产者所在省级农业行政主管部门或其委托单位抽取成品肥料样品并封口；国外及港、澳、台地区肥料由产品所在省级农业行政主管部门抽取成品肥料样品并封口。

微生物肥料样品数量不少于500克（毫升）；非微生物肥料样品数量为检验用量的5倍。

9. 初审意见

境内生产者应提交所在省级农业行政主管部门对登记资料的综合初审意见，包括肥料效应试验报告和企业资料真实性、规范性的认定，并附上省级农业行政主管部门或其委托单位"对肥料登记企业质量保证体系考察评分表"。初审的内容见附件6的附表6-4、6-5样式。

（二）正式登记

申请正式登记，申请者应填写《肥料临时/正式登记申请表》（见附件6的附表6-1），并补充提交下列中文资料（临时登记已提供了详细资料的，在正式登记时重复资料可不再要求提交）及肥料样品：

1. 生产者基本资料

（1）生产者注册证明材料（见"临时登记"的"生产者基本资料"部分）。

（2）生产企业基本情况资料。在原来基础上补充企业新的发展变化内容。

（3）国外及港、澳、台地区产品补充在其他国家（地区）新登记使用情况。

（4）其他需要补充的证明文件等材料。

2. 产品执行标准

根据申请者在申请临时登记时提交的资料情况，由农业部确定是否需要提交新的产品质量标准及详细分析方法资料。

3. 产品标签样式（包括标识、使用说明书）

根据申请者在申请临时登记时提交的资料情况，由农业部确定应补充提交的新的标签资料。

4. 肥料效应示范试验资料

提交由农业部认定单位（见附件2）最近4年内在2个以上（含）不同省完成并出具的示范试验资料。原则上要求每种作物的示范试验面积：经济作物面积5亩以上、大田作物20亩以上，对照1—2亩。具体方案由承担试验的农业部认定单位与生产企业参照登记肥料肥效试验技术规程（暂行）（见附件5）协商制定。

对有国家标准或行业标准或农业部肥料登记评审委员会建议并经农业部种植业管理司认定的产品或同一生产企业的相同有效成分、改变剂型且至少有1个产品已获正式登记的产品，免提交肥料效应示范试验资料。

肥料效应示范试验资料包括：

（1）田间示范试验肥料的样品检测报告。由省级以上经计量认证的肥料检验机构检测出具。

（2）田间示范试验报告。报告应是与标签（说明书）标明的产品主要功效相对应的、经临时登记作物的田间示范试验结果。

示范试验报告的格式和内容参考"临时登记"的"肥料效应小区试验"部分要求。

（3）作用方式和作用机制研究报告。根据申请者提供的产品资料情况；由农业部确定是否必须提交。

（4）国外及港、澳、台地区产品在本国（地区）或其他国家（地区）新的肥效试验结果报告。

5. 毒性报告

根据申请者临时登记时提交的资料情况，由农业部确定需提交的产品的其他毒性试验资料。

6. 残留试验及残留检测方法资料

根据申请者临时登记时提交的资料情况，由农业部确定需提交的产品残留试验资料。具体要求和做法与"临时登记"的"残留试验及残留检测方法资料"部分相同。

7. 肥料样品

由产品所在省级农业行政主管部门抽取成品肥料样品并封口，其他具体要求和做法与"临时登记"的"肥料样品"部分相同。

（三）续展登记

1. 《临时登记证》续展

在《临时登记证》有效期满两个月前，申请者应当填写《肥料续展登记申请表》（见附件6的附表6-2），并提交下列资料：

（1）生产者原登记证复印件。

（2）该产品在有效期内的使用情况，内容包括：使用面积、施用作物、应用效果和主要推广地区等。

（3）质量复核样品。此项仅是对有不良反映或在登记证有效期内的质量抽查中不合格的产品要求。

对质量复核样品的具体要求和做法与"临时登记"的"肥料样品"部分相同。

2. 《正式登记证》续展

在《正式登记证》有效期满两六个月前，申请者应当填写《肥料续展登记申请表》（见附件6的附表6-2），并提交下列资料：

（1）生产厂商原登记证复印件。

（2）产品使用面积、施用作物、应用效果和主要推广地区等材料。

（3）国外及港、澳、台地区产品提供生产国（地区）最新批准生产和销售的证明文件、产品说明书和产品质量标准。

（4）质量复核样品。对质量复核样品的具体要求和做法与"正式登记"的"肥料样品"部分相同。

（5）国内产品提交生产者所在省级农业行政主管部门意见。

（四）变更登记

要求进行下述变更登记的，申请者应当填写《肥料变更登记申请表》（见附件6的附表6-3），并提供与变更内容相关的证明材料。

1. 变更产品使用范围的

应补充提交以下资料：

（1）生产厂商的变更产品使用范围申请书和原登记证复印件。

（2）肥料效应小区试验报告。变更产品使用范围的作物在我国1年2种以上（含）不同土壤类型地区或2年1种土壤类型地区的田间肥效试验资料。

（3）产品标签样式（包括标识、使用说明书）。

（4）国外及港、澳、台地区产品在其他国家（地区）相应的登记使用情况证明材料。

2. 变更产品名称的

应提交生产厂商的变更产品名称申请书和原登记证复印件。

3. 变更企业名称的

应提交以下资料：

生产者的变更企业名称申请书和原登记证复印件。

企业工商注册证明文件。

其他与企业名称变更相关的文件材料。

（五）其他

1. 转让已登记产品技术的产品登记

通过转让获取已登记产品（正式登记或临时登记）技术生产的产品，生产者开始只能申请临时登记。登记资料可免提供"肥料效应小区试验资料"，但应提交：

（1）合法的技术转让证明文件。

（2）按申请临时登记要求必须提供的其他资料。

2. 同一企业不同产品的登记

申请者应按产品分类提交登记资料：

（1）对属同一类型有效养分含量不同的产品，除"生产者基本资料"和"毒性报告"只需各提供一份外，其他按"临时登记资料"要求分别提交各个产品的详细资料。

（2）对不同类型的产品，除"生产者基本资料"只需提供一份外，其他按"临时登记资料"要求分别提交各个产品的详细资料。

三、附件

附件1：免于登记产品目录

对经农田长期使用，采用国家或行业标准的下列产品免予登记：

硫酸铵，尿素，硝酸铵，氰氨化钙，磷酸铵（磷酸一铵、二铵），硝酸磷肥，过磷酸钙，氯化钾，硫酸钾，硝酸钾，氯化铵，碳酸氢铵，钙镁磷肥，磷酸二氢钾，单一微量元素肥，高浓度复合肥。

附件2：农业部认定可承担田间肥效试验单位

全国农业技术推广服务中心

中国农业科学院土壤肥料研究所

省（自治区、直辖市）农业行政主管部门所属的土壤肥料技术推广机构

农业部确认的其他申请单位

附件3：农业部指定菌种鉴定及菌种安全鉴定单位

中国科学院微生物研究所

国家级菌种保贮中心

农业部微生物肥料质量监督检验测试中心

中国预防医学科学院

农业部确定的其他单位

附件4：菌种安全鉴定分级目录

第一级：免做安全鉴定的菌种	
1）根瘤菌类	
Mesorhizobium huakuii	华癸根瘤菌（紫云英）
M. loti	百脉根根瘤菌
Rhizobium etli	埃特里根瘤菌（菜豆）
R. leguminosarum biovar viceae	豌豆根瘤菌（蚕豆生物型）

续表

R. leguminosarum biovar phaseoli	豌豆根瘤菌（菜豆生物型）
R. leguminosarum biovar trifolii	豌豆根瘤菌（三叶草生物型）
Sinorhizobium	
S. fredii	费氏中华根瘤菌（快生大豆根瘤菌）
S. meliloti	苜蓿中华根瘤菌
Bradyrhizobium	
B. elkanii	埃氏慢生根瘤菌（慢生大豆根瘤菌）
B. japonicum	日本慢生根瘤菌（慢生大豆根瘤菌）
B. liaoningense	辽宁慢生根瘤菌（慢生大豆根瘤菌）
Azorhizobium	
A. caulinodans	茎瘤固氮根瘤菌（田菁茎瘤菌）
还包括尚未确定种名的，从一些豆科植物根瘤内分离、纯化、鉴定、回接、筛选后在原宿主植物结瘤、固氮良好的根瘤菌，如花生、绿豆、沙打旺根瘤菌等。	
2）自生及联合固氮微生物类	
Azotobacter	
A. chroococcum	褐球（圆褐）固氮菌
A. vinelandii	棕色固氮菌
A. paspali	雀稗固氮菌
Beijerinckia indica	印度贝氏固氮菌
Azospirillum	
A. lipoferum	生脂固氮螺菌
A. brasilense	巴西固氮螺菌
3）光合细菌类	
Rhodopseudomonas	
Rps. Globiformis	球形红假单胞菌
Rps. Rutila	血色红假单胞菌（沼泽红假单胞菌）

续表

Rps. Sulfidophila	嗜硫红假单胞菌
Rps. viridis	绿色红假单胞菌
Rhodospirillum	
Rp. fulvum	黄褐红螺菌
Rp. rubrum	深红红螺菌
Rp. salinarium	盐场红螺菌
Rhodobacter capsulatus	荚膜红细菌
Rubrivivax gelatinosus	胶状红长命菌（胶状红环菌）
4）分解磷钾化合物细菌类	
Bacillus megaterium	巨大芽胞杆菌
B. mucilaginosus	胶质芽胞杆菌
Thiobacillus thiooxidans	氧化硫硫杆菌
5）促生细菌类	
Paenibacillus azotofixans	固氮类芽胞杆菌
P. polymyxa	多粘类芽胞杆菌
6）酵母类	
Candida tropicalis	热带假丝酵母
C. utilis	产朊假丝酵母
Geotrichum candidum	白地霉
Saccharomyces cerevisiae	酿酒酵母
Sporotrichum thermophile	嗜热侧孢霉
7）放线菌类	
Streptomyces jingyangesis	泾阳链霉菌（细黄链霉菌5406）
Frankia sip	固氮放线菌（弗兰克氏菌）
8）AM 真菌类	
Glomus mosseae	摩西球囊霉

续表

9）其它	
Lactobacillus sip.	乳杆菌
Streptococcus lactis acidi	乳酸链球菌
第二级：做急性毒性鉴定的菌种	
Bacillus	
B. licheniformis	地衣芽胞杆菌
B. pumilus	短小芽胞杆菌
B. brevis	短芽胞杆菌
B. coagulans	凝结芽胞杆菌
B. circulans	环状芽胞杆菌
B. subtilis	枯草芽胞杆菌
B. sphaericus	球形芽胞杆菌
Alcaligenes faecalis	粪产碱菌
Pseudomonas fluorescens	荧光假单胞菌
Aspergillus niger	黑曲霉
Aspergillus oryzae	米曲霉
第三级：做非病原微生物鉴定的菌种	
B. cereus	蜡状芽胞杆菌
Klebsiella pneumoniae	肺炎克鲁伯氏菌
K. oxytoca	产酸克鲁伯氏菌
Enterobacter cloacae	阴沟肠杆菌
E. agglomerans	成团肠杆菌
E. gergoviae	日勾维肠杆菌
Pseudomonas aeruginosa	铜绿假单胞菌
Acinetobacter calcoaceticus	乙酸钙不动杆菌
A. baumannii	鲍氏不动杆菌

续表

Alcaligenes xylosoxydans	木糖氧化产碱菌
Proteus	变形菌属
Proteus vulgaris	普通变形菌
Proteus mirabilis	奇异变形菌
Erwinia sip.	欧文氏菌

附件5：登记肥料肥效试验技术规程（暂行）

1. 适用范围和基本条件

1.1 本规程适用于《肥料登记管理办法》规定的肥料产品肥效试验。

1.2 供试肥料的企业（或代理商，委托方，下统称企业）必须提供产品对环境和人、畜无害的证明。

1.3 企业必须向试验组织单位提供肥料主要组成成分，试验组织单位有责任为其保密。

1.4 试验组织单位为农业部及各省、自治区、直辖市农业行政主管部门认定的单位。

2. 试验方案的设计

包括试验处理、试验小区、试验重复等的设计。

2.1 试验处理

根据试验目的、产品的组成成分、养分含量、作用机理、使用方法等设计试验处理。设计试验处理时，应充分与企业交换意见。

2.1.1 微生物肥料（菌剂）

根据菌剂活性和肥料形态，设计试验处理。

液态类：主要用于喷施、浸种、灌根、蘸根的微生物肥料，至少设四个处理，即处理1（施用活性微生物肥料）、处理2［灭活后的微生物肥料（基质）］、处理3（喷施等量的清水对照）和处理4（常规对照）。

固态类：主要用于拌种的微生物肥料，至少设四个处理，即处理1（施用活性微生物肥料）、处理2［灭活后的微生物肥料（基质）］、处理3（掺混等量的细沙对照）和处理4（常规对照）。

灭活基质的方法（2.1.1的处理2的制备方法）：取有代表性的微生物肥料试验样品，一分为二，其中一份留作处理1，另一份经灭活处理，作为处理2。灭活处理采用强放射性辐照如放射性同位素60Co灭菌。经灭菌后的样品要进行灭活检验，检验不合格的重新灭活，直至检验合格。

2.1.2 特殊功能肥料

针对产品的特性设置试验处理，试验设计采取单因素差异检验。例如冠以XX长效肥料，试验设计时针对其特殊功能"长效"设计试验处理，至少设三个处理。即处理1（长效肥料），处理2（与处理1等养分的普通肥料），处理3（空白对照）。

2.1.3 其他肥料

根据肥料的形态（即液态和固态）来设计试验处理。

液态类：主要用于喷施、浸种、灌根、蘸根用的肥料，至少设三个处理，即处理1（试验肥料）、处理2（等量清水对照）和处理3（常规对照）；

固态类：主要用于拌种的肥料，至少设三个处理，即处理1

（肥料加少量细土混拌）、处理2（与处理1等量的细土混拌对照）和处理3（常规对照）。

2.1.4 样品检验

所有肥料必须提供肥料样品，供保存备查和检验。样品保存期为提供报告后三个月，三个月后如无异议可以销毁。所有成分清单中所列项目必须检测，特殊功能肥料根据其特性选定其它检测项目。

2.2 试验小区

试验误差的大小与小区形状和小区面积密切相关。沿着土壤肥力变异较大的方向增加小区面积能降低试验误差。适当扩大小区面积能概括土壤复杂性，减少小区间土壤肥力差异，降低试验误差。

2.2.1 小区形状

小区理想的形状为长方形。但不是长宽比越大越好，小区过长，边际效应增加，误差增大。小区长宽比一般为2—5∶1，具体如下：

——小区面积较大时，长宽比3—5∶1；

——小区面积较小时，多用2—3∶1；

——对于玉米，棉花等中耕作物确定小区形状时，要保证小区宽度能留下足够的计产行数或计产面积。

2.2.2 小区面积

小区的面积一般在20—50平方米。

——水稻、小麦、谷子等密植作物面积可小些，20—30平方米；

——果树、高粱、玉米、棉花、烟草等中耕作物小区面积宜大些，40—50平方米；

——处理较少，小区面积可适度增大；处理较多，小区面积适度减少。在丘陵、山地、坡地做试验，小区面积宜小；平原和畈地，小区面积可大些。

2.2.3 小区排列

田间试验小区排列的基本原则是随机排列。

2.2.4 区组配置

小区采用长方形，使小区的排列方向与土壤肥力递变方向垂直；区组形状应尽可能取正方形，使区组排列方向与土壤肥力递变方向相一致，保证同一区组内土壤肥力差异最小。

处理较少时，采用单排式；处理较多时，可采用多排式。

2.3 试验重复

肥料肥效鉴定田间试验的重复次数一般不少于3次。

3. 田间操作

3.1 试验地的选择和准备

3.1.1 试验地的选择

在气候条件、土壤类型、土地肥力等方面基本上能代表供试作物生长的一般田块。尽可能选择地势平坦，形状整齐，土地肥力均匀的地块，要保证试验生长发育所必需的条件，试验地遇涝能排，遇旱能灌，旱涝保收。在坡地，要选择坡度平缓，上下土地差异较小，灌溉条件较好的田块。试验地要避免原先曾经是道路、堆肥场所等，以免造成土壤肥力差异。

测试供试田块试验前土壤养分情况，包括有机质、全氮、有效磷、速效钾、pH值及供试肥料标识上所涉及的各种中微量元素养分。

3.1.2 试验地整理

选择土壤肥力相近的地块后进行整地,然后按照试验计划中的田间布置图规划分区;小区能单灌单排,避免串灌串排。小区面积准确,各小区位置适当。同时为保证试验的安全和精确,在试验田的周围,根据不同情况,种植多行保护行。

3.2 试验方案的实施

根据试验的方案和肥料使用方法(包括基施、穴施、拌种、醮根、喷施、追肥等方法),保证在相同的条件下进行田间操作。

3.3 田间管理与观察

3.3.1 田间管理遵循"最适"和"一致"的原则,除施肥措施外,各项管理措施必须一致,且符合生产要求,由专人在同一天内完成。

3.3.2 观察记载

一般田间记录观察内容包括以下几个方面(详见附表):

——试验布置情况,根据试验的田间设计进行,要绘试验布置图,并注明试验地点、时间;

——试验地形及土地情况:包括地势高低,土壤质地,前茬种类和土地肥力水平,种植密度等,有条件或必要时,还应包括试验地理化性质的分析数据;

——试验田的栽培管理经过:整地、基肥、播种、追肥、浇水、中耕、培土以及防治病虫害等都要求记录在案;

——植物学性状调查。

3.4 收获与计产

产量是判断肥效优劣最重要的指标。收获和计产必须做到不发生错误,正确反映试验结果。

——试验收获时要求每个小区单打、单收、单计产,不能将几个重复相同的处理小区混在一起,而失去重复的意义。

——收获时,应先收保护行植株,并把它们运走。一般谷物,脱粒晒干扬净后再称重,在天气不良情况下也可以脱离扬净后计重,混匀取其1公斤烘干计算其晒干率。甘薯、马铃薯收获时,可随收随称重,但要去除泥土,如果土地潮湿,可干燥几小时后再称。

——棉花、西红柿、黄瓜、西瓜等作物应分次收获,每次收获时各小区的产量都要单独记录并注明收获时间,最后累加。

室内考种样本,应在收获前按要求采取,并系标签,记录小区号,处理名称,取样日期等。

4. 试验数据分析及肥效评价

4.1 试验数据的分析

对小区的试验结果进行统计分析。

——成对试验采用 T 检验,判断两个处理的差异是否显著;

——三个(或三个以上)处理时采用方差分析,如果差异显著,用差数表示法(即 PLSR 法)进行多重比较,表示各处理间的差异显著性。

4.2 肥效的评价

4.2.1 肥料肥效评价主要考核肥料(处理 1)与空白处理

(处理2)间产量指标差异,肥效评价主要:

——田间试验结果总平均增产5%以上;

——田间试验增产5%以上的试验点占总试验点数的2/3以上;

——田间试验单因子检验,差异达到显著水平的试验点占总试验点数的1/3以上;

——产品品质检验指标达显著水平的试验点数占总试验点数的1/3以上(考察品质指标,参照相关标准);

——保护和改善生态环境(参照相关标准)。

4.2.2 微生物肥料肥效评价主要考核微生物肥料与基质间产量指标差异来表示(指标同4.2.1),同时根据空白对照的产量指标与其他处理的差异,检验基质的肥效水平。

4.2.3 肥料其他功效的评价,参照4.2.1进行考核。

5. 试验报告的撰写

试验报告的内容主要包括:试验来源和试验目的,试验执行时间和地点、试验地土壤条件、气候条件、农业生产条件和水平,试验方案和试验处理,试验管理,试验原始数据及分析结果,试验数据统计分析和结果检验,试验效果包括增产效果、品质效益、经济效益和环境效益、结论、试验执行单位、试验主持人、报告完成时间,并加盖单位公章。

试验报告格式:采用科技论文格式编写。

5.1 材料与方法

——供试土壤

——供试肥料

——供试品种

——试验方法

5.2 试验结果与分析

——不同处理对作物生物学性状影响

——不同处理对作物产量及产值影响

——不同处理的投入产出比

——其他特殊项目分析

5.3 结论

试验报告要求：试验报告必须于作物收获后两个月内完成，一式四份报委托单位。同时要注明试验执行单位、试验主持人、报告完成时间及单位公章。

附表：肥料肥效田间试验观察记录表

1、试验布置

试验地点：省 地 县（乡村农户地块名）

试验时间：年 月 日至 年 月 日

方法设计：重复次数：

小区面积：长（m）X 宽（m）=

小区排列：（采用画图的形式）

2、试验地基本情况

试验地地形：

土壤类型：土壤质地：肥力等级：代表面积：(万亩)

土壤肥力变化情况（测试与试验有关的土壤养分）：

试验前：有机质（g/kg）全氮（N：g/kg）水解氮（N：mg/kg）有效磷（P：mg/kg）pH

速效钾（K：mg/kg）钙（CaO：g/kg）镁（MgO：g/kg）有效硫（S：mg/kg）硅（SiO2：mg/kg）

阳离子交换量（cmol（+）/kg）

有效态微量元素（mg/kg）Cu Fe Zn Mn Mo B

肥料含有的养分，试验前后土壤养分的变化情况。例如锌肥，测试试验前后土壤养分锌的含量。

作物品质的测定参照有关标准执行。

3、田间操作

供试作物品种、名称、特性描述：

供试作物播种时间：

施肥时间和数量：

灌溉时间和数量：

其它农事活动及灾害：

前茬作物名称、施肥量、产量：

4、植物学性状

描述作物的生长状况：

5、试验结果记录

试验处理	小区施肥情况	产量（Kg/小区）		
		重复1	重复2	重复3
处理1				
处理2				
处理3				
处理4				

试验处理	亩施肥情况	产量（Kg/亩）		
		重复1	重复2	重复3
处理1				
处理2				
处理3				
处理4				

附件6：附表6-1：《肥料临时\正式登记申请表》样式

（　）肥料申字第　号

企业名称					
通讯地址				邮政编码	
法定代表人		经办人		电话传真	
技术负责人		学历职称		联系电话	
企业性质		企业规模		企业隶属	
营业执照号		有效期		发照机关	
注册商标		有效期		适用肥料否	
执行标准号		备案号		备案技监局	
投产日期		生产能力			
产品通用名				产品商品名	
固定资产				流动资金	
职工总人数：其中高级：中级：初级：工人：					
原证登记号			原有效期（累计）		
产品形态、外观					
主要有效成分	指标	含量%	指标	含量%	指标	含量%

续表

其他成分						
有害成分	砷（As）		铅（pb）		镉（Cd）	
	铬（Cr）		汞（Hg）		其他	
原料组成	原料名称	比例%	原料名称	比例%	原料名称	比例%

使用方法	

曾试用作物	地区	效果%	施用方法	试用单位

产品工艺流程	

续表

主要生产设备 名称 型号 数量	

在其他国家（地区）登记注册情况（国外及港、澳、台地区产品）：
1. 国家（地区）：登记日期：
2. 国家（地区）：登记日期：
申请者委托办理登记资料目录（如毒性资料、菌种安全鉴定、田间试验等）：
1.
2.
3.
4.
5.
6.
申请者提交的登记资料目录：
1.
2.
3.
4.
5.
6.
7.
8.
单位盖章
法定代表人签名： 年 月 日

附表6-2：《肥料续展登记申请书》样式

（　）肥料续字（临/正）第　号

企业名称			
产品通用名		产品商品名	
原登记证号		原有效期（累计）	
经办人		联系电话	
续展原因（简述）			
提交的续展登记资料目录	单位盖章 法定代表人签名：　　年　月　日		
样品质量复核结论	（检验报告附后） 单位盖章 年　月　日		
产品使用不良记录	（注明记录的出处及提供单位） 年　月　日		
所在省农业行政主管部门意见（正式登记证续展）： 单位盖章 年　月　日			
部受理单位综合审查结果和建议： 单位盖章 年　月　日			

说明：1. 国内产品，续展临时登记申请直接到农业部指定的受理单位提出、办理；续展正式登记应先向所在省农业行政主管部门申请并提出意见后，再报农业部指定的受理单位办理。

2. 国外及港、澳、台地区产品，续展登记申请直接向农业部指定的受理单位提出、办理。

附表6-3：《肥料变更登记申请书》样式

（　）肥料更字（临/正）第　号

企业名称			
产品通用名		产品商品名	
原登记证号		有效期限	
经办人		联系电话	
变更内容（如将原登记证的"　"变更为："　。"）：			
变更原因（简述）			
提交的证明材料目录： 1. 2. 3. 4. 单位盖章 法定代表人签名：　年　月　日			
部受理单位综合审查结果和建议： 单位盖章 年　月　日			
变更后登记证号		有效期限	

附表6-4：肥料生产企业质量保证和质量控制条件考核表参考样式

企业名称：

产品名称：

考核日期：

考核单位和人员：

序号	考核内容	记事	备注
一、质量管理			
1	组织机构设置合理，分工明确，职责清晰。		
2*	有厂级领导主管质量，专人或专门机构负责质量管理。		
3	有明确的质量方针、目标，并在实际工作中贯彻执行。		
4	办厂手续齐全。		
二、生产条件			
5*	有满足生产需要的厂房及车间，设施符合条件要求。		
6*	有与生产规模相适应的原料库及成品库，库房设施符合要求。		
7	有生产工艺流程图，生产工序有操作规程，并能按操作规程组织生产。		
8	主要生产设备的类型和数量能满足生产工艺的要求。		
9	辅助设施配套齐全，能够保证正常生产和质量要求。		
10	关键控制工序有记录，有完整的生产台帐。		

续表

序号	考核内容	记事	备注
三、质量检验			
11*	有专门的质量检验机构,场所固定,面积和房间满足需要。		
12*	有专职的检验人员,检验人员应持证上岗。		
13*	有现行的成品检验标准。		
14	检验仪器设备齐全,满足原材料主要指标和成品全项检验的要求。		
15	有计量要求的仪器设备须经计量部门检定,并在有效期内使用。		
16	对每批原材料和成品进行检验,并有记录。		
17	检验原始记录有固定格式,设计规范,填写清晰,有检验人员和审核人员签字。		
18	每批出厂产品都有质量合格证。		
19	产品包装袋材质应符合要求,包装袋标识应符合要求。		
注:若厂尚未建立实验室,应有委托相关单位,签定协议。被委托单位应满足第11、12、13、14、15、16、17条的要求。			
四、规章制度			
20*	质量管理制度。		
21	质量责任制度。		
22*	成品检验制度。		
23	不合格产品处理制度(有措施保证不合格产品不出厂)。		
24	生产管理制度。		
25	生产设备管理及维护制度。		
26	产品存放及出库制度。		

续表

序号	考核内容			记事	备注
五、考核结果及意见					
	A项总数	B项总数	C项总数		
考核意见及结论	单位盖章 年　月　日				

说明：1. 考核表由考核人员现场填写。每条考核情况按"通过、基本通过、不通过"填写，在记事栏中分别以"A"、"B"、"C"表示，并在备注中注明"B"、"C"项原因。"基本通过项目"指考核内容可以在一个月内通过整改达到"通过"要求的项目。

2. 在"序号"栏，"＊"代表"关键项目"。

3. 综合考核结论分"通过、基本通过、不通过"三种情况。"不通过"原则：（1）关键项目有一项不合格；（2）关键项目有二项（含）以上基本合格；（3）非关键项目有二项（含）以上不合格；（4）非关键项目有五项（含）以上基本合格；（5）基本合格加不合格项目（非关键项目）超过六项（含）。

4. 综合考核结论达到"基本通过"水平方可提出肥料登记申请。

5. 各省（区、市）可根据本省实际参照本表制定肥料生产企业质量保证和质量控制条件考核表，报农业部种植业管理司备案后执行。

附表6-5：省级农业行政部门初审意见表

生产企业：登记产品：

1. 质量管理	
2. 生产条件	
3. 质量检验	
4. 规章制度	
5. 肥效试验	
初审综合意见	单位盖章 年　月　日

注：1. 对企业第一次申报产品的初审意见，应在对企业生产条件、生产工艺、质量管理、产品特点、试验效果等方面进行考察、核实的基础上提出，并附《肥料生产企业生产条件考核表》。企业第二次以后申报产品的初审，重点是田间肥料效应的审查。

2. 在初审综合意见中应明确：①生产企业是否具备对申报产品的质量保证和质量控制的基本条件；②企业申报的生产者基本概况资料是否与生产企业的实际情况相符合；③承担肥效试验的单位和人员是否符合规范要求，试验结果是否真实、可信；④综合结论是否通过初审。

3. 初审后的资料贴上封条后交由生产企业向部里申报肥料登记。

肥料登记申请书

(中华人民共和国农业部制)

申请企业：_____

申请编号：_____（　　）肥申字（临/正）号_____

填表日期：_____

中华人民共和国农业部制

填表说明

一、本表为生产企业向肥料登记机关申请肥料产品正式/临时登记所用；

二、填表者应用黑色/蓝色钢笔/签字笔逐栏用正楷填写，或者直接打印，字迹应清晰可辨，不得涂改；

三、申请肥料产品正式/临时登记的企业，应附表提交企业工商注册文件复印件、商标注册说明（属协议使用商标的，应提交商标持有者允许使用的合法文件）、经办人身份证复印件；

四、申请肥料产品临时转正式登记的企业，还应附表提交临时登记证复印件；

五、本表由省级农业行政主管部门提供，申请者也可从所在地省级农业行政主管部门确定的网站下载。

肥料（临时/正式）登记申请表

一、申请者基本情况

企业名称				
生产地址				
通讯地址				
邮政编码		电话、传真		
电子邮件		企业网址		
法定代表人		联系电话		手机
经办人		联系电话		手机

企业总人数（与肥料有关）：　　　人。其中，管理人员：　　　人；技术人员：　　　人；工人：　　　人

营业执照号		有效期		发照机关
企业性质		注册资金		流动资金

二、产品信息

产品通用名称	复混肥		产品商品名称	史贝美	
注册商标	□文字 □图形	有效期		商标来源	□注册 □受让
执行标准号		标准备案号		备案机关	
设计生产能力		实际生产能力		投产日期	

产品剂型	□颗粒 □水剂 □粉剂 □其它：	外观	
申请正式登记产品原临时登记证号		有效期（累计）	
产品技术指标			

三、原料、辅料及生产工艺概述

	名　称	在投料中所占百分含量	来　源
原料			

	名　称	在投料中所占百分含量	来　源
辅料			

生产工艺概述及工艺流程简图：

	设备名称	型号	生产企业名称	购入时间
主要生产设备				
主要检验设备				

提交的证明资料目录：

1、……

2、……

……

以上所填写信息真实有效，提交的资料真实合法。本产品对他人的知识产权不构成

侵权，对资料不真实或引起的知识产权侵权行为，本企业愿意承担由此造成的一切法律责任。

申请者法定代表人签字（公章）：

年　月　日

肥料续展登记申请书

(中华人民共和国农业部制)

申请企业:＿＿＿＿＿＿＿＿＿＿＿＿＿＿＿＿＿＿

申请编号:＿＿＿＿（　）肥续字　号＿＿＿＿

填表日期:＿＿＿＿＿＿＿＿＿＿＿＿＿＿＿＿＿

中华人民共和国农业部制

填表说明

一、本表为生产企业向省级农业行政主管部门申请肥料产品续展登记所用；

二、填表者应用黑色/蓝色钢笔/签字笔逐栏用正楷填写，或者直接打印，字迹应清晰可辨，不得涂改；

三、申请者应附表提交原登记证复印件；

四、申请临时登记续展的，如在临时登记有效期内出现抽查不合格情况，应附表提交产品复核检验报告；

五、申请正式登记证续展的，应附表提交产品复核检验报告；

六、本表由省级农业行政主管部门提供，申请者可从所在地省级农业行政主管部门指定的网站下载。

产品通用名称		产品商品名称	
登记证号		有效期	

一、企业及法人信息

企业名称					
生产地址					
通讯地址					
邮政编码			电话、传真		
电子邮件			企业网址		
法定代表人		联系电话		手机	
技术负责人		联系电话		手机	
经 办 人		联系电话		手机	
续展次数	第　　　次				

二、延续登记的原因（简述）：

三、产品有关信息（近5年）

年份	产量（万吨）	产值（万元）	销量（万吨）	销售地区及适用作物

四、产品被监督抽查情况信息

抽查时间	抽查部门	合格与否	不合格原因	整改情况

五、产品生产销售应用中存在的主要问题：

六、提交的延续登记资料目录

1、原产品登记证复印件；

2、有效身份证明文件复印件；

……

以上所填写信息真实有效，提交的资料真实合法。本产品对他人的知识产权不构成

侵权，对资料不真实或引起的知识产权侵权行为，本企业愿意承担由此造成的一切法律责任。

申请者法定代表人签字（公章）：

年　　月　　日

七、肥料登记机关受理意见：

肥料变更登记申请书

(中华人民共和国农业部制)

申请企业：_____

申请编号：_____（ ）肥更字　　号_____

填表日期：_____

中华人民共和国农业部制

填表说明

一、本表为生产企业向省级农业行政主管部门申请肥料产品变更登记所用；

二、填表者应用黑色/蓝色钢笔/签字笔逐栏用正楷填写，或者直接打印，字迹应清晰可辨，不得涂改；

三、申请者应附表提交原登记证复印件；

四、申请变更产品适用作物/区域或适用/限用范围的，应附表提供补充的肥料效应田间试验或土壤适用区域田间试验报告，以及变更后的产品标签样式；

五、申请变更生产企业名称的，应附表提供与企业名称变更相关的证明材料；

六、本表由省级农业行政主管部门提供，申请者也可从所在地省级农业行政主管部门指定的网站下载。

产品通用名称		产品商品名称	
登记证号		有效期	
企业名称			
生产地址			
联系地址			
邮政编码		电话、传真	
电子邮件		企业网址	
法定代表人	联系电话		手机
经办人	联系电话		手机
变更内容			

变更 理由 简述	
提交的证明资料目录： 1、原产品登记证复印件； 2、有效身份证明文件复印件； ……	
以上所填写信息真实有效，提交的资料真实合法。本产品对他人的知识产权不构成 　　侵权，对资料不真实或引起的知识产权侵权行为，本企业愿意承担由此造成的一切法律责任。 　　申请者法定代表人签字（公章）： 　　　　　　　　　　　　　　　　　　　　　　　　年　　月　　日	

肥料登记产品标签样式要求

(中华人民共和国农业部制)

向省级农业行政主管部门申请肥料登记的生产企业,提交的产品标签样式应包括以下内容:

1. 产品通用名称。
2. 产品商品名称,有商品名称的标明。
3. 肥料登记证号,预留肥料登记证号位置。
4. 产品技术指标,标明有效成分名称和含量。
5. 产品执行标准号。
6. 生产企业名称和地址。
7. 生产日期或者产品批号。
8. 使用说明,按申请登记的内容简述安全有效的使用时期、使用量和使用方法及有关注意事项。
9. 必要的警示标志和储存要求。
10. 适用作物/区域或适用/限用范围,仅限规定需要标明的产品。

肥料登记产品备案申请表

(中华人民共和国农业部制)

产品通用名称		产品商品名称	
肥料登记证号		有效期	
生产企业		联系电话	
企业地址		邮编	
发证机关			
申请备案单位	□生产企业		□销售者
单位名称			
单位地址		邮编	
单位电话		单位传真	
经办人		联系电话	
以上信息真实可靠,申请备案。 申请备案单位签字盖章 年　月　日			
备案 意见	以上产品准予备案,备案号:____农(肥)备字_____号。 备案机关(盖章) 年　月　日		

中华人民共和国农业部制

测土配方施肥试点补贴
资金管理暂行办法

财政部、农业部关于印发
《测土配方施肥试点补贴资金管理暂行办法》的通知
财农〔2005〕101号

各省、自治区、直辖市、及计划单列市财政厅（局）、农业（农林、农牧）厅（局、委），新疆生产建设兵团财务局、农业局，黑龙江省农垦总局：

  测土配方施肥试点补贴资金是中央财政为鼓励和支持农民科学施肥，提高肥料使用效率，促进农民节本增收，减少农业面源污染而设立的专项资金。为加强资金的管理和监督，提高资金使用效益，根据财政农业专项资金管理的有关规定，特制定《测土配方施肥试点补贴资金管理暂行办法》，现印发给你们，请遵照执行。

二〇〇五年七月十一日

第一章　总　则

第一条　为加强测土配方施肥试点补贴资金（以下简称"补贴资金"）的管理，规范资金使用行为，提高资金使用效益，根据财政农业专项资金管理有关规定，制定本暂行办法。

第二条　测土配方施肥试点由财政部和农业部共同组织实施，指导地方各级财政部门和农业部门组织落实。各级财政和农业部门应根据职责分工，加强协调，密切配合。财政部门的主要职责是落实补贴资金预算，及时拨付补贴资金，对资金的分配使用进行监督检查等。农业部门的主要职责是具体负责补贴专项的组织实施和管理，包括编制项目实施方案、组织开展项目申报、项目实施、检查及验收等。

第三条　补贴资金的使用应遵循公开、公正、农民（含农场职工，下同）自愿、稳步推进的原则。

公开，指补贴政策、办法公开，补贴资金分配使用过程透明。

公正，指项目县的选择客观公正，配方肥加工企业和仪器设备按照招标办法公平竞争，择优选用。

农民自愿，指尊重农民的选择，不违背农民意愿硬性要求测土配方配肥，或强行要求农民购买配方肥料。

稳步推进，指测土配方施肥按照先行试点，逐步推开的原则实施，避免一哄而上。

第四条　各地应结合基层农技推广体系改革，鼓励农技人员走向市场。农技部门要免费为农民提供测土配方施肥服务，并与配肥企业结合，运用市场化运作的方式，为农民提供优质配方肥料。

第二章 补贴对象、补贴内容和补贴标准

第五条 补贴对象：包括承担测土配方施肥任务的农业技术推广机构和依照配方加工配方肥的企业等。

第六条 补贴内容：包括对测土、配方、配肥等环节给予的补贴以及项目管理费。

测土补贴主要用于划分取样单元、采集土壤样品、分析化验和调查农户施肥情况等费用。

配方补贴主要用于田间肥效试验、建立测土配方施肥指标体系、制定肥料配方和农民施肥指导方案等费用。

设备补贴主要用于补充土壤采样和分析化验仪器设备、试剂药品，以及配肥设备的更新改造费用。

项目管理费，由项目县在补贴资金中提取，用于项目评估、论证、规划编制、检查验收等管理支出。

第七条 补贴标准：测土、配方和土壤采样环节的补贴按照实际需要给予适当补助；仪器设备在充分整合利用现有资源的基础上适当添置，用于仪器设备的补贴原则上不超过财政补贴资金的30%。项目管理费按补贴资金的2%提取。

第八条 符合条件的配方肥生产（流通）企业，可按规定

参与国家化肥淡季商业储备工作，申请承担储备任务。经相关部门确认后可按程序申请国家化肥淡季商业储备贷款贴息资金，测土配方施肥试点补贴资金不得用于支付配方肥淡季储备贷款利息。

第三章 项目申报与资金拨付

第九条 根据中央财政年度预算安排、国家测土配方施肥项目规划、工作重点及各地的需求状况，由农业部、财政部制定并下达年度《测土配方施肥试点补贴资金项目实施方案》，确定国家年度测土配方施肥实施范围、补贴资金额度、工作进度及要求等。

第十条 各省（含自治区、直辖市、新疆生产建设兵团，下同）农业部门会同财政部门根据农业部、财政部下达的年度《测土配方施肥试点补贴资金项目实施方案》，组织编制本辖区的年度《测土配方施肥试点补贴资金使用方案》。

第十一条 各省财政部门、农业部门以正式文件联合向财政部、农业部申请补贴资金。申请报告内容包括：项目县测土配方施肥工作基础、项目县选择原则、资金概算、补贴内容、补贴标准、组织方式、保障措施等。

第十二条 农业部负责组织专家对各省上报的《测土配方施肥试点补贴资金使用方案》进行审核后报财政部。财政部审查后将中央财政补贴资金拨付到省级财政部门，再由省级财政部门下拨。

补贴资金纳入国库集中支付范围的，执行国库集中支付有关规定。

第十三条 各省农业部门和财政部门按要求组织项目实施。项目下达后不得随意变更，确需调整的，应报农业部和财政部审批。

第四章 管理与监督

第十四条 省级农业部门会同财政部门制定本地区配方肥定点加工企业和仪器设备招标办法，并指导项目县按照公平竞争、择优选用的原则进行公开招标。经招标确定的企业和仪器设备应在省级土壤肥料技术推广部门备案。

第十五条 项目县农业部门和财政部门要对提供测土配方施肥的农业技术推广机构和配方肥加工企业、受益农民、补贴标准等进行公示，促进诚信建设，建立可追溯制度。

第十六条 配方肥定点加工企业要保证肥料质量，并建立完善的配售网络。各级农业部门应会同有关部门加强对配肥企业和肥料市场的监管，切实保证配方肥质量，防止出现假冒伪劣肥料坑农害农、趁机哄抬肥料价格的行为。

第十七条 地方各级财政部门要积极支持和参与测土配方施肥试点工作，增加资金投入。要配合地方各级农业部门加强对项目申报、实施的监督管理，并设立监督举报电话。

第十八条 补贴资金实行专账管理，专款专用，任何单位和个人不得挤占、截留、挪用。各级财政部门和农业部门应建立和落实工作责任制,加强对资金使用情况的管理和检查,自觉接受审计等部门的监督。

第五章　附　则

第十九条　各省可参照本暂行办法,结合本地实际,制定实施细则,并报送财政部、农业部。

第二十条　本暂行办法由财政部、农业部负责解释。

第二十一条　本暂行办法自发布之日起施行。

附 录

测土配方施肥补贴项目验收暂行办法

农业部关于印发
《测土配方施肥补贴项目验收暂行办法》的通知
农农发〔2006〕8号

各省（自治区、直辖市、计划单列市）农业（农林、农牧、农垦）厅（委、局），新疆生产建设兵团：

为了加强测土配方施肥工作的监督管理，规范测土配方施肥补贴项目验收内容、方法和程序，按照农财两部制订的《测土配方施肥试点补贴资金管理暂行办法》规定，我部组织专家制定了《测土配方施肥补贴项目验收暂行办法》，现印发给你们，请遵照执行。各地在执行过程中发现问题，请及时反馈我部种植业管理司、财务司。

联系电话：64192878 64192545 64193347（传真）
电子信箱：cetushifei@agri.gov.cn

农业部
二〇〇六年九月二十日

第一章 总 则

第一条 为规范测土配方施肥补贴项目资金的使用，提高资金使用效益，科学、客观、公正评价测土配方施肥补贴项目实施效果，全面推进测土配方施肥工作开展，根据《财政部农业部关于印发〈测土配方施肥试点补贴资金管理暂行办法〉的通知》（财农〔2005〕101号）、《农业部办公厅财政部办公厅关于下达2005年测土配方施肥试点补贴资金项目实施方案的通知》（农办农〔2005〕43号）、《农业部办公厅财政部办公厅关于下达2006年测土配方施肥补贴项目实施方案的通知》（农办财〔2006〕11号）以及《测土配方施肥技术规范（试行）修订稿》的要求，特制订本办法。

第二条 本办法确定了验收对象、验收组织、验收方法及验收程序，明确了验收内容。

验收内容包括项目合同指标完成情况、组织管理、宣传培训、资金管理和使用、农户对测土配方施肥工作的满意程度以及测土配方施肥补贴项目执行情况。

第三条 本办法适用于国家测土配方施肥补贴项目验收。

第二章 验收方法及程序

第四条 项目验收分为项目县自验、省级验收、国家抽查复验三个层次。项目县自验率和省级集中验收率达到100%，省级现场抽验率为20%，国家抽查复验率为5%。

第五条 国家、省、县农业行政主管部门成立验收组，开展验收工作。验收组由行政管理人员和科研、教学、推广部门专家组成，每个验收组成员不得少于5人。

项目承担单位人员不能作为验收组成员。

第六条 项目验收采取听取情况介绍、现场察看、查阅资料、打分评价的方式进行。验收组完成项目验收工作后，填写测土配方施肥补贴项目执行情况综合评价表（附件1），形成书面验收意见。

第七条 项目自验由项目县（市、区、旗、团场）农业行政主管部门组织。自验结束后，向省级农业行政主管部门申请项目验收。

第八条 省级集中验收和现场抽验由省级农业行政主管部门组织。验收工作完成后，将项目验收报告及各项目县测土配方施肥补贴项目执行情况综合评价表报农业部种植业管理司、财务司。

第九条 抽查复验由农业部、财政部联合组织，并监督检查各省市区验收工作。

第十条 省级验收不合格的项目县（总评分60分以下为不合格），要责成项目县补充完善建设内容，并在3个月内申请复验。对复验和抽查复验不合格的，按农业专项资金管理有关规定严肃处理。

第十一条 项目县自验应在项目合同结束后2个月内完成，省级集中验收和现场抽查应在项目合同结束后4个月内完成，国家抽查复验应在项目合同结束后6个月内完成。

第三章 验收内容

第十二条 合同指标完成情况

（一）土壤采样。土壤采样覆盖面积达到合同规定的覆盖面积，采样点的分布、采样密度、样品数量和采集方法符合技术规范相关要求，土壤样品采集调查表和农户施肥情况调查表填写完整。

（二）样品检验。土壤和植物分析化验符合《测土配方施肥技术规范（试行）修订稿》要求，并达到合同规定的数量。

（三）田间试验。各项目县"3414"田间试验每年不少于10个。试验资料齐全，有试验方案、工作记录和汇总表格，完成试验报告。

（四）校正试验。各项目县校正试验每年不少于10个。试验资料齐全，有校正试验方案、工作记录和汇总表格，完成校正试验报告。

（五）发放施肥建议卡。项目核心示范村配方施肥建议卡入户率达到100%，其他示范区达到90%以上，并有登记记录。

（六）农民按配方施肥面积。项目区农民根据配方施肥建议卡自行购买肥料进行施肥的面积，与配方肥施用面积合计达到合同规定面积。

（七）配方肥施用面积。项目县农户施用配方肥面积当年不少于20万亩。配方肥有生产配方、合作协议、厂家地址、经销点名录、农户购买和应用配方肥记录（台帐）。

（八）化验室建设与质量控制。化验室使用面积不少于200平方米，仪器设备配置满足《测土配方施肥技术规范（试行）修订稿》所规定的化验项目需求，配备专兼职化验人员。如参加过农业部组织的化验室检测质量考核，考核结果合格。

（九）主要作物施肥指标体系。根据当地田间试验、农户调查和测试化验结果，初步形成当地主要农作物施肥指标体系。

（十）测土配方施肥数据库建设。按照农业部统一要求建立县级测土配方施肥数据库，数据库能够运转和对数据进行有效管理，并能及时、规范、准确上传省和农业部。

（十一）耕地地力评价。利用测土配方施肥数据库，在对有关图件和属性数据收集整理的基础上，建立县域耕地资源信息管理系统。项目实施第二年，各项目县开展耕地地力状况评价工作，编写地力评价报告。

第十三条 项目管理

（一）领导机构。项目县成立有政府分管领导或农业部门牵头、有关部门参加的测土配方施肥补贴项目领导小组，负责项目组织实施、协调指导和监督检查。

（二）技术小组。项目县成立有县土肥技术部门技术骨干为主，有关单位专家参加的测土配方施肥技术指导组，负责技术培训和指导。

（三）宣传培训。利用广播、电视、报刊、网络、明白纸、现场会、流动宣传车、图片展览等多种形式，开展广泛的、经常性的宣传。县土肥技术部门对项目实施区所在乡（镇）所有直接从事土肥技术推广的技术人员每年至少培训1次，对项目实施区所在村技术骨干和科技示范户每年培训5000人次以上。

（四）进度统计。项目县按照农业部种植业管理司〔2006〕种植（耕肥）24号文件"关于启用测土配方施肥项目统计管理系统的通知"要求，按时填报、上传测土配方施肥项目进展季报、年报，数据真实可靠。

（五）档案管理。项目实施有关的文件、会议纪要、资金管理办法、配方肥生产企业招投标或认定管理办法、化验室质量控制办法、合同书、工作方案、宣传培训材料、试验方案和观测数据、施肥建议卡、现场图片（照片）、统一格式的数据库、成果图件、农户调查表、原始记录、进度报表、工作总结和技术总结等完整齐全，分类归档。

（六）企业参与。按照各省制定的配方肥生产企业招投标或认定管理办法，认定配方肥定点加工企业，企业供肥能力基本满足项目需要。

项目实施期内认定企业无配方肥质量投诉事件。

（七）农民满意程度。项目县自验中需完成农民满意程度调查，至少填写30户农民满意程度调查表（附件2），并进行汇总。

第十四条 资金管理和使用

（一）资金管理。严格执行财政部、农业部《测土配方施肥试点补贴资金管理暂行办法》（财农〔2005〕101号文），项目资金有专账管理，专款专用，有项目财务决算报告和审计报告。无挤占、截留、挪用项目资金现象。

（二）仪器购置。化验室仪器设备购置按照公开、公正、公平的原则招标采购，有相关文件、合同等。所购仪器设备必须有合格证、注册商标、生产厂家地址，并按固定资产管理有关规定统一编号、登记。

第四章 附 则

第十五条 各省可依照本办法,结合本地实际,制定具体的验收方案,并报我部种植业管理司、财务司备案。

第十六条 本办法由农业部负责解释。

第十七条 本办法自发布之日起执行。

附表:1. 测土配方施肥补贴项目执行情况综合评价表(略)
2. 项目区农民对测土配方施肥补贴项目满意程度反馈表(略)

农业部 工业和信息化部 国家质量监督检验检疫总局关于加快配方肥推广应用的意见

农农发〔2013〕1号

配方肥是指根据一定区域作物施肥配方，以氮磷钾等化肥为主要原料，通过复混（合）或掺混而成的肥料，是测土配方施肥技术成果的集中体现和物化载体。近年来的实践证明，推广应用配方肥是推广科学施肥技术的有效途径，既优化施肥结构，又实现定量施肥，既促进增产增效，又促进节能减排，深受广大农民欢迎。为深入推进测土配方施肥，加快配方肥推广应用，切实提高测土配方施肥技术到位率和覆盖率，现提出以下意见。

一、规范肥料配方制定与发布

（一）扎实做好基础工作。农业部门要认真组织开展县域"三年一轮回"的周期性取土化验和经常性田间肥效试验，不断完善大宗作物施肥指标体系，加快建立园艺作物施肥指标体系，及时更新测土配方施肥数据库，推广应用县域测土配方施肥专家咨询系统，为优化肥料配方和施肥方案提供技术支撑。

（二）科学制定肥料配方。农业部门要建立完善肥料配方的形成机制，执行国家及相关行业标准，建立专家会商审定制度。县级农业部门要以取土化验、田间肥效试验、验证试验结果和作物目标产量为依据，综合土壤肥料、作物栽培、种子以及肥料生产工艺等方面专家的意见，制定肥料配方，提高肥料配方的科学性和适用性。省级农业部门要组织专家对县域肥料配方进行汇总、提炼和审定，对不同区域、不同作物相近相似的肥料配方进行归类合并，形成适应较大区域、较多作物的基肥"大配方"，便于肥料企业批量化生产供应。县级农业部门要按照"大配方、小调整"的技术路线，根据作物基肥区域性"大配方"适当调整县域内作物的基肥、追肥方案，以满足农民多元化、个性化施肥需要。

（三）及时发布肥料配方信息。农业部门要通过媒体定期向社会发布本辖区内主要农作物肥料配方、适用区域和配方肥需求数量等信息，引导广大肥料企业按方生产供应配方肥。要及时更新县域测土配方信息，更新县域测土配方施肥专家咨询系统，为基层肥料经销网点提供村级和农户施肥信息及施肥技术方案，方便基层网点按方为农户配肥供肥。同时，建立村级测土配方施肥专栏，公布施肥配方和施肥技术方案，发放施肥建议卡，引导广大农民按方购肥、科学施用。

二、扩大配方肥生产供应

（四）积极扩大配方肥生产。工信部门要按照国家化肥产业发展规划，适应节能减排要求，引导企业优化产业布局，调整肥料生产结构，以科学施肥为导向，逐步构建以需定产的配方肥产业化格局。肥料企业要按照农业部门公布的肥料配方、需求数量，生产供应配方肥。肥料企业要注重科技进步，改进生产工艺，推进产业升级，逐年降低二次造粒配方肥比例，切实减少能源浪费。掺混式配方肥生产要注重解决原料肥等粒径问题，便于掺混、运输和施用。肥料企业要建立配方肥生产供应台帐，实现数量和质量可追溯。肥料企业要依法健全质量管理体系，确保产品质量，改善服务方式和手段，实现企业社会价值。

（五）构建配方肥经销服务网络。农业部门要在现有肥料经销网点中，筛选一批诚信经营、服务规范的乡村肥料经销网点，统一挂牌、统一管理，统一培训，培育基层配方肥经销服务网络。在基层配方肥经销网点配备测土配方施肥专家咨询系统（触摸屏），延伸服务链条，拓展服务内容，方便农民查询测土配方信息和作物施肥方案，提高经销网点技术服务水平。发挥种植大户、农民专业合作社、粮棉油糖高产创建示范片、果菜茶标准园示范区等主体和平台的带动作用，组织开展配方肥订单式生产供应，减少流通环节，扩大施用范围。引导大中型肥料企业建立乡（村）直销网点，开展配方肥连锁配送服务。利用社会资源探索建立乡村小型智能化配肥供肥服务网点，开展现场智能化混配服务，满足农民个性化、小批量用肥需求。

三、强化配方肥推广服务

（六）强化配方肥产需对接。农业部门要巩固已有的农企合作成果，进一步扩大合作范围，促进产销用对接。分层次优选一批实力强、信誉好、符合行业准入条件的肥料生产企业，确定为合作试点企业，以测土配方施肥技术普及行动为平台，以整建制推进为抓手，定区域、定作物、定模式、定数量生产供应配方肥，将配方肥推广应用落到实处，示范带动更大范围的推广应用。

(七)加强施肥指导服务。农业部门要加大培训力度,不断提高业务素质和服务能力,积极为肥料生产、经销企业培养肥料配方师,引导企业按需生产供应配方肥。以种植大户、科技示范户和农民专业合作社为重点,通过试验示范、现场观摩、面对面培训等形式,指导农民科学施肥。通过广播、电视、手机短信等媒体,开展科学施肥知识宣传,扩大社会影响,营造良好氛围。以粮棉油糖高产创建和果菜茶标准园创建为平台,建立社会化服务组织,为农民提供统测统配统供统施的"四统一"服务,帮助农民施肥到田。大力推广化肥机施深施、水肥一体化等技术,着力改进粗放的施肥方式。

四、加强配方肥监督管理

(八)强化组织领导。农业、工信、质监部门要加强沟通协调,形成良好合作的工作机制,保护肥料企业和农民合法利益。要争取当地政府重视与支持,强化对配方肥推广应用的组织协调,建立协调机制和专家队伍,积极推动乡村智能化配肥供肥服务网点建设。将小型智能配肥设备和施肥机械列入农机购置补贴范围,不断扩大补贴规模。积极探索配方肥推广应用机制,激励企业生产供应配方肥、农民施用配方肥。

(九)严格配方肥标识管理。农业部门可结合当地实际,申请注册"配方肥"标识,通过农企合作、产需对接的方式,无偿提供给配方肥生产企业使用,营造配方肥品牌效应,指导肥料企业科学制定配方肥施用说明书,规范配方肥营销行为。对于符合农业部门发布配方的复混肥料,由企业提出申请,按程序经省级肥料登记管理机构审批后,在办理肥料登记证时加注"配方肥"字样,标注适宜区域和作物。

(十)规范基层现场配肥服务。针对年配肥服务能力在2万吨以下或每小时2.8吨以下的基层小型智能化配肥服务网点,以农民购买的原料肥为基础肥料,按照农民施肥配方进行智能化掺混,掺混后不进入市场流通,不纳入肥料登记和生产许可范畴。配肥服务网点要规范和健全服务档案,建立进肥配肥供肥台帐,按照配方原料为农民开具分品种的配肥服务凭证,便于市场监督管理。配肥服务网点要建立配方肥料样品留存制度,经买卖双方共同签字(盖章)确认后各封存一份至应用作物收获完毕,以备解决日后争议。

(十一)建立配方肥追溯体系。各级农业部门要督促农企合作推广配方肥生产、经销企业建立产品生产、入库和销售台账(电子档案)。生产企业按生产批次建立台账,经销企业按进货批次建立台账。生产企业产品流向应与经销企业、零售终端台账相吻合,做到台账真实、可查可追溯。农业部门会同工信部门每半年统计一次区域内配方肥生产销售情况。省级农业部门结合测土配方施肥补贴项目的实施,负责向全国测土配方施肥数据管理平台报送本辖区配方肥生产、销售、使用情况,配方肥生产供应企业应给予积极配合。

(十二)加强配方肥质量监管。农业、工信等部门加强配方肥标识管理和质量监督。对质量不合格或标识不规范的,责成企业进行整改,在规定期限内整改不到位的,取消合作试点企业资格。在基层配方肥销售服务网点公布服务监督举报电话,经举报并查实存在缺斤少两、偷减养分或以次充好等现象的，取消定点服务资格，并依法依规处理。配方肥生产企业凡符合《工业产品生产许可证管理条例》有关规定的，应依法取得工业产品生产许可证。

农业部　工业和信息化部
国家质量监督检验检疫总局
2013 年 3 月 22 日

化肥淡季商业储备管理办法
（2016年修订）（征求意见稿）

国家发展改革委、财政部关于《化肥淡季商业储备管理办法（2016年修订）》（征求意见稿）公开征求意见的通知

为规范化肥经营企业做好淡季商业储备工作，缓解化肥常年生产、季节使用的矛盾，保障春耕用肥供应，国家发展改革委和财政部对2005年制定的《化肥淡季商业储备管理办法》（国家发展改革委财政部令2005年第26号）及《化肥淡季商业储备管理办法补充规定》（发改经贸〔2005〕2251号）进行了修订，形成了《化肥淡季商业储备管理办法（2016年修订）》（征求意见稿），现向社会公开征求意见。

此次意见反馈截止日期2016年6月7日。意见请发送至电子邮件：jms@ndrc.gov.cn 或邮寄至北京市西

城区月坛南街 38 号国家发展改革委经济贸易司，邮编 100824。

感谢您的参与和支持！

国家发展改革委
财政部
2016 年 5 月 6 日

第一章 总 则

第一条 为规范化肥淡季商业储备（以下简称"淡储"）工作，缓解化肥常年生产、季节使用的矛盾，保障春耕用肥供应，制定本办法。

第二条 本办法适用于国家化肥淡储工作的委托单位、承储企业及其他相关单位。

化肥淡储委托单位指负责组织落实化肥淡储工作并与承储企业签订承储协议的国家发展和改革委员会（以下简称国家发展改革委）、财政部，有关省、自治区、直辖市及新疆生产建设兵团发展改革委、财政厅（局）（以下简称省级发展改革、财政部门）。

化肥淡储承储企业指申请承担化肥淡储任务并被确认，与化肥淡储委托单位签订承储协议的企业，包括中央承储企业和地方承储企业。

国家发展改革委、财政部为中央承储企业的委托单位，省级发展改革、财政部门为地方承储企业的委托单位。

第三条 化肥淡储遵循企业储备、银行贷款、政府贴息、市场运作、自负盈亏的原则。

第二章 化肥淡储管理

第四条 国家发展改革委、财政部负责统筹协调落实全国化肥淡储任务、管理中央承储企业储备工作，省级发展改革、财政部门负责组织实施本区域化肥淡储任务、管理地方承储企业储备工作。

第五条 化肥淡储期限为六个月。根据地理区域和农作物季节性用肥差异情况，委托单位与承储企业可在当年9月至次年4月间协商选择任意连续6个月作为承储期。承储期确定后，非不可抗力因素不得调整。

第三章 化肥淡储规模及分布

第六条 化肥淡储规模由国家发展改革委、财政部报请国务院批准后确定，单位为实物吨。

国家发展改革委、财政部在国务院批复的规模范围内，根据全国化肥市场形势和宏观调控需要，确定年度淡储总量，并综合考虑各地农业用肥量和化肥生产能力等因素，确定中央承储企业储备任务量和分区域地方承储企业储备任务量。

第七条 淡储化肥以尿素、磷酸二铵、高浓度复合肥等优质化肥为主。各区域淡储量合计后，尿素所占比例不应低于40%（按成分计）。省级发展改革、财政部门或中央承储企业因区域特殊需要，确需储备其他品种，应报经国家发展改革委、财政部同意。

第八条 储备库点应位于农作物主产区内或交通便利地点。

第四章　承储企业基本条件及选定方式

第九条 化肥淡储承储企业以大型、跨区域化肥经营企业为主，兼顾区域内实力较强、销售网络健全、经营规范的其他化肥经营企业。

第十条 化肥淡储承储企业应当同时具备以下基本条件：

（一）在中国境内具备化肥经营资格及独立承担民事责任的能力。中央承储企业须独立承担储备任务，地方承储企业可组成联合体共同承担储备任务。

（二）企业总部或联合体牵头企业上一年度的注册资本（金）不低于5000万元人民币。联合体参与企业上一年度的注册资本（金）不低于3000万元人民币。西藏自治区、青海省、宁夏回族自治区内企业承储本区域淡储任务的，上一年度的注册资本（金）不低于1000万元人民币。

（三）化肥流通企业近三年均销售量30万吨以上；化肥生产企业拥有销售网络且近三年均单质肥料生产量40万吨以上或

二次加工肥料生产量 120 万吨以上。联合体各参与企业均应满足上述条件。西藏自治区、青海省、宁夏回族自治区内企业可酌情降低条件。

（四）在淡储区域内近三年均销售量不低于企业投标标的。

（五）化肥生产企业符合国家产业政策规定和行业准入条件，产品符合国家质量标准，产品能耗符合国家要求。化肥流通企业所采购化肥为上述化肥生产企业产品。

（六）具备与化肥淡储规模和区域布局要求相适应的仓储能力。租用场地储备的，应提供相关租赁合同。

（七）近三年内无偷税、逃税记录，无银行、海关等不良信用记录。

（八）国务院或省级人民政府规定的其他条件。

第十一条　化肥淡储承储企业原则上通过招标方式确定。委托单位委托具备资质的社会中介机构通过招标确定化肥淡储承储企业。

化肥淡储招标评审坚持公平、公正、客观、科学的原则。评审专家应遵守评审工作纪律和评审回避等相关规定。评审有关人员不得对外透露评审相关信息，不得歧视本区域外承储企业。在具有本区域同等储备实力的条件下，优先选择具有跨区域化肥调动能力的企业，保证国家宏观调控需要。

第十二条　化肥淡储单个标的一般不少于 5 万吨。

第十三条　招标公告应当在两家以上全国性招投标类网站

和化肥专业网站等相关媒体上公布。

评标结果应按要求进行公示，并接受投标企业质询。对相关质询，委托单位应按规定予以处理。

招标结束后，省级发展改革、财政部门应将中标结果抄报国家发展改革委、财政部，同时抄送财政部驻承储区域当地监察专员办事处（以下简称驻当地专员办）。

第五章　淡储协议履行

第十四条　化肥淡储承储协议由委托单位与承储企业签订，约定淡储化肥区域、品种、数量、违约责任等，明确双方的权利和义务。

承储企业应将承储协议及相关文件的副本（复印件）抄报驻当地专员办。

在淡储期间确需调整承储品种、数量及淡储起止时间的，中央承储企业须报国家发展改革委、财政部同意，地方承储企业须报省级发展改革、财政部门同意，并由省级发展改革、财政部门报国家发展改革委、财政部备案。调整文件应同时抄送驻当地专员办。

第十五条　经招标确定的承储企业，承担承储任务的有效期为两年。

完成当年任务但由于特殊原因不能继续承担下年度淡储任务的企业，应在每年7月底前告知委托单位。

第十六条　承储企业未经申请同意自行更换、调整储备品种、数量、地点等行为的,或未按要求上报化肥淡储调入、销售、库存情况的,或经认定所填报数据与事实有出入的,应承担相应违约责任。

第十七条 协议执行中出现纠纷,参照《合同法》有关规定处理。

第六章 淡储任务指标考核

第十八条 化肥淡储与企业正常经营相结合。对承储企业的考核按以下标准进行:

(一)淡储期间在标的区域内累计调入量不少于淡储任务量的1.2倍。

(二)淡储期间平均库存不少于淡储任务量。

(三)淡储期间后3个月中至少有一个月末库存不低于淡储任务量。

(四)生产企业调入量为企业调入标的区域内或在标的区域内生产的、货权未发生转移的化肥数量;库存量为企业在标的区域内各库点(含厂区)的化肥库存数量合计。生产企业位于标的区域外的,其厂区内库存数量不得计入库存量。

(五)各储备库点应在投标文件中列明,否则不得计入库存量。

(六)承储企业储存多个品种的,按品种分别考核。单个品种考核未通过的,视为全部品种考核未通过。

第十九条 承储企业未通过年度淡储任务完成情况考核的,由委托单位依本办法相关规定处理,所签淡储协议终止。

对考核未通过企业、被调减承储任务量企业以及放弃下年度淡储任务企业的承储任务,原则上由委托单位另行招标确定承储企业。

第七章 承储企业责任

第二十条 承储企业在淡储期间应履行以下义务:

(一)按承储协议要求向标的区域及时调入淡储化肥,保证质量符合国家标准;

(二)规范使用储备贷款,不得挪作他用;

(三)按照委托单位的要求监测当地市场化肥价格情况并上报相关信息,对信息的真实性负责;

(四)向驻当地专员办提供贴息资金审核所需的各类出入库单据、运输票据及证明文件等资料,并对其真实性负责。

第二十一条 淡储期间,如宏观调控需要或出现重大自然灾害等特殊情况,委托单位或其指定企业对承储企业的淡储化肥享有优先购买权。承储企业应保证货源充足,及时供应,结算价格不得高于当时当地同品种化肥的市场平均价格。

承储企业须按国家发展改革委、财政部要求及时销售淡储化肥。

发生上述情况时,对承储企业完成淡储任务指标的考核不受第十八条规定的限制，据实拨付承储企业利息补贴。

第二十二条 化肥淡储到期后，承储企业应根据市场需求情况及时销售库存化肥。淡储化肥只限于满足国内农业生产需要，不得用于出口。用于出口的，不得享受利息补贴等优惠政策。

第八章 监督检查

第二十三条 驻当地专员办对中央承储企业淡储化肥储存情况进行日常监督管理。省级发展改革、财政部门对本区域地方承储企业淡储化肥储存情况进行日常监督管理，有关情况应及时向驻当地专员办通报。

第二十四条 化肥淡储实行月报制度和台账管理。化肥淡储工作开始后，承储企业在每月前10个工作日内按规定的台账格式和时间要求逐月分别向委托单位或其指定的机构上报台账数据，并编报《承储企业淡储期间化肥调入、销售、库存月报表》（格式见附件一），同时抄送驻当地专员办和承贷银行。省级发展改革、财政部门负责将数据进行汇总，并于每月底前将相关数据上报国家发展改革委、财政部。

承储区域内出现供求严重失衡等特殊情况下，承储企业须按要求不定期报告化肥淡储调入、销售、库存情况。

第二十五条 驻当地专员办和省级发展改革、财政部门按照本办法规定的监管职责，对中央和地方承储企业在标的区域化肥调入、销售和库存情况进行动态抽查核实和考核，及时向财政部、国家发展改革委上报发现的问题。

第二十六条 承储企业存在弄虚作假、销售假冒伪劣化肥、所销售化肥实际含量及重量与标准含量及重量不符等问题，6年内不得承担化肥淡储任务，并承担相应的违约责任。

第九章 贴息管理

第二十七条 淡储化肥所需资金可向中国农业发展银行和各商业银行申请提供。各银行在坚持信贷原则、保障资金安全的前提下，对承储企业贷款，承储企业按时还本付息。

第二十八条 淡储化肥由中央财政给予利息补贴。

第二十九条 承储企业达到本办法相关规定要求的，按淡储任务量给予利息补贴。

利息补贴按贴息成本、承储数量、承储期限和中国人民银行半年期流动资金贷款基准利率计算。

化肥淡储贴息成本由财政部参照国家发展改革委价格监测中心等单位提供的化肥出厂价（含税）等综合确定。

第三十条 化肥淡储到期后10个工作日内，承储企业根据化肥淡储情况编报化肥淡储业务报告并填制《承储企业化肥淡季商业储备利息补贴申报表》（格式见附件二），连同贴息资金所需的各类出入库单据、运输票据及证明文件等资料，报驻当地专员办审核。驻当地专员办按财政部有关规定时限出具审核意见。

中央承储企业将利息补贴申请材料，连同驻当地专员办审核意见，上报财政部申请核拨利息；地方承储企业将利息补贴申请材料，连同驻当地专员办审核意见，上报承储区域省级财政部门，由省级财政部门按有关规定时限审核汇总后，形成本地区化肥淡储贴息资金申请，上报财政部申请核拨利息。

驻当地专员办须对承储企业的储备量进行实地审核。

第三十一条 财政部门按《预算法》等有关规定拨付化肥淡储利息补贴，其中中央承储企业贴息资金由中央财政直接拨付；地方承储企业由中央财政通过地方财政转拨，地方财政收到中央财政拨付的贴息资金后，在15个工作日内如数转拨到承储企业，不得拖延滞留或转移贴息资金，并接受驻当地专员办的监督。

第三十二条 对因遇不可抗力等因素承储企业未能完成承储任务，并向委托单位申请调减任务量的，驻当地专员办可按报经委托单位同意调减后的任务量对企业进行考核，中央财政据实拨付利息补贴。

第三十三条 淡储化肥经营盈亏，由承储企业承担。

第十章 附 则

第三十四条 本办法自 x 年 x 月 x 日起实施。原《化肥淡季商业储备管理办法》及《化肥淡季商业储备管理办法补充规定》同时废止。各地区可结合本地实际制定具体实施细则或实施方案。

第三十五条 本办法由国家发展改革委、财政部按职能分工负责解释。

第三十六条 国家另有规定的，从其规定。

附件一：承储企业淡储期间化肥调入、销售、库存月报表（略）
附件二：承储企业化肥淡季商业储备利息补贴申报表（略）

附 录

工业和信息化部关于推进化肥行业转型发展的指导意见

工信部原〔2015〕251号

各省、自治区、直辖市及计划单列市、新疆生产建设兵团工业和信息化主管部门，有关行业协会，有关中央企业：

为落实《中国制造2025》有关部署，促进化肥行业转型升级，提出以下指导意见。

一、充分认识推进我国化肥行业转型发展重要意义

化肥是建设现代化农业的重要支撑，是关系国计民生的重要基础产业，对于保障粮食安全和促进农民增收具有十分重要的作用。

"十二五"以来，我国化肥总量保持快速增长，氮肥、磷肥产能、产量及消费量已居世界首位，并实现自给有余；钾肥生产跃居世界第四，自给率大幅提升。其中：氮肥总量年均增速4.5%以上，2014年产能6000万吨（折纯N，下同），产量4553万吨，尿素实物产量6593万吨；磷肥总量年均增速1.6%，2014

年产能 2350 万吨（折 100%P2O5，下同），产量 1708 万吨，磷铵实物产量 3880 万吨，复合肥实物产量 6500 万吨；钾肥总量年均增速 14.7%，2014 年产能 677 万吨（折 100%K2O，下同），产量 552 万吨，自给率提升至 50.3%。

我国化肥行业在快速发展的同时也存在许多问题，主要表现在：产能过剩矛盾突出，产品结构与农化服务不能适应现代农业发展的要求，技术创新能力不强，节能环保和资源综合利用水平不高，硫、钾资源对外依存度高等。

我国化肥行业已经到了转型发展的关键时期，只有通过转型升级才能推动行业化解过剩产能、调整产业结构、改善和优化原料结构、推动产品结构和质量升级、提高创新能力、提升节能环保水平、提高核心竞争力，努力实现我国化肥行业由大变强。

二、指导思想和主要目标

（一）指导思想

深入贯彻落实党的十八大和十八届三中、四中全会及中央经济工作会议精神，主动适应农业现代化发展需要，以促进粮食增产、农民增收、生态环境安全和满足科学施肥需要为出发点，按照《到 2020 年化肥使用量零增长行动方案》要求，调整化肥行业产品结构、提升创新能力、加强农化服务，切实提升行业增长质量和效益。

（二）主要目标

1. 总量调控目标

到 2020 年，氮肥产能 6060 万吨，产能利用率提升至 80%；

磷肥产能 2400 万吨，产能利用率提升至 79%；钾肥产能 880 万吨，自给率提升至 70%。

2. 原料结构改善

到 2020 年，采用非无烟煤的合成氨产品占比从目前的 24% 提升至 40% 左右，硫资源对外依存度下降 10 个百分点。提高中低品位磷矿资源开发利用水平，采用浮选技术使入选磷矿品位下降 2—4 个百分点。加大难溶性钾资源的开发和利用，生产规模尽快得到提高。

3. 产品结构升级

以提高化肥利用率和产品质量为目标，大力发展新型肥料。力争到 2020 年，我国新型肥料的施用量占总体化肥使用量的比重从目前的不到 10% 提升到 30%，氮肥、磷肥企业非肥料产品销售收入比重达到 40—50%。肥料产品质量进一步提升，复合肥产品水平不断提高，质量更加安全可靠。

4. 节能环保水平提升

到 2020 年，所有合成氨企业能源消耗水平达到《合成氨单位产品能源消耗限额》要求，其中 70% 的企业达到新建企业准入值要求；所有磷铵企业能源消耗水平达到《磷酸一铵、磷酸二铵和工业硫酸单位产品能源消耗限额》要求。所有加工型硫酸钾企业能源消耗水平达到《硫酸钾单位产品能源消耗限额》要求。

合成氨企业吨氨排水、氨氮、COD 达到《合成氨工业水污染物排放标准》要求；磷铵企业污水排放达到《磷肥工业水污染物排放标准》要求。

提升磷石膏开发利用水平，到 2020 年，磷石膏综合利用量从目前年产生量的 30% 提高到 50%。

三、化肥行业转型升级重点措施

（一）着力化解过剩产能

一是严格控制新增产能。采用减量置换原则，严格市场准入，强化行业监管，保持总供给与总需求的基本平衡。各地要严格遵守《合成氨行业准入条件》和《磷铵行业准入条件》的相关要求。原则上不再新建以天然气和无烟块煤为原料的合成氨装置，新建或扩建湿法磷酸及配套的磷酸一铵、磷酸二铵装置。氮肥行业参考产能严重过剩行业产能置换实施方案进行减量置换；钾肥行业要考虑资源的可持续性，不得盲目扩产。

二是加快淘汰落后产能。及时公布符合《合成氨行业准入条件》和《磷铵行业准入条件》企业名单，建立落后产能退出长效机制，严把环保关、能耗关；对生产经营存在困难较多、产能利用率和销售利润率低于行业平均水平的企业，逐步引导主动退出。

三是鼓励引导企业兼并重组，形成上下游一体的产业体系及横向跨行业的肥化企业联合，组建多产业结合的大型综合性企业集团公司，通过市场化整合，实现企业多元化发展，促进传统肥料生产企业二次加工向消费地转移，退出部分中小企业传统肥料产能。

四是推动产能向能源产地特别是具有能源优势的棉粮产地集中，逐步与煤炭和电力实现一体化生产。

（二）大力调整产品结构

一是鼓励开发高效、环保新型肥料，重点是：掺混肥、硝基复合肥、增效肥料、尿素硝酸铵溶液、缓（控）释肥、水溶肥、液体肥、土壤调理剂、腐植酸、海藻酸、氨基酸等，包括稳定性肥料所需要的硝化抑制剂、脲酶抑制剂等添加剂和液体复合肥所需要的工业磷酸铵、聚磷酸铵、硝酸钾、磷酸二氢钾等优质原料。

二是依托产业优势开发、打造碳一化工、精细磷化工、湿法磷酸精制及深加工等新的产业链条，在发展新型肥料的同时，利用现有资源，加大对煤化工、磷化工、盐化工、氟化工、钾精细化工等产品的开发力度，拓展产业领域，延伸产业链条，构建化工多联产板块。

三是大力拓展工业应用。氮肥重点是建设车用尿素供应网络和销售体系，开拓尿素下游产品三聚氰胺制三聚氰胺甲醛树脂和蜜胺泡棉用于发展绿色建材，同时扩大合成氨、尿素用于烟气脱硫、脱硝的覆盖面；钾肥重点是推进食品级、医药级氯化钾，及食品级磷酸二氢钾的加工应用。

（三）加快提升科技创新能力

一是集中力量突破一批制约行业转型升级的重大关键技术与装备。重点是：先进煤气化技术、高效低压合成大型化技术、新型肥料增效技术、生物质肥料生产技术、大型空分压缩机、大型磷矿浮选装置、精细磷酸盐加工技术、磷石膏预处理及化学法处理技术、难溶性钾资源利用技术等。

二是组建一批引领行业技术创新的研发合作平台。充分发挥行业协会的作用，依托骨干企业凝聚产学研各方力量，形成有效的行业科技创新体系。

三是培育一批创新型示范企业，以全面进行大型先进装备和清洁生产技术改造、率先形成"坚持化肥、走出化肥"的特色产品结构、产品成本和全员劳动生产率达到行业领先水平、具有显著的市场竞争优势和长足的发展后劲四项要求作为示范企业标准,带动行业加快科技创新。

(四) 着力推进绿色发展

一是严格节能减排标准,全面实现节能减排目标。充分认识节能减排任务的长期性和艰巨性,通过严格标准倒逼行业节能减排工作;积极参与"能效领跑者活动",为行业树立节能标杆;深入开展测土配方施肥,大力发展新型肥料,把化肥使用量零增长作为推进绿色发展的发力点。

二是加大资源回收利用和废弃物综合利用,做好磷矿资源中氟、硅、镁、钙、碘等资源的回收利用以及磷石膏制高端石膏产品等。

三是开发推广节能减排先进技术。重点是:节能型全循环尿素生产技术、化肥生产废水超低排放及气体深度净化技术、磷石膏无害化预处理及生产新型石膏建材产品技术、改进型磷石膏制硫酸技术、利用磷石膏和钾长石生产钾硅钙肥技术、硫酸低位热能回收技术、曼海姆法硫酸钾装置升级改造技术等。

(五) 积极推进两化深度融合

一是鼓励行业协会、化肥生产、流通企业联合建立电子商务平台,积极开展"互联网+农资"活动,提供农化服务信息、进行在线展示展销和推广,利用农资电商等新型业态和商业新模式促进行业发展。

二是推动行业大数据应用。进一步加强行业协会经济运行监测，促进信息共享和数据开放，推动大数据在企业经营决策中的应用，实现产品、市场和效益的动态监控及预测预警，提高行业管理水平和企业科学决策水平。

三是建立健全行业监督及产品追溯系统。采用物联网、射频识别、物品编码等信息技术，建立产品追溯数据库，杜绝假冒伪劣，提升企业品牌效益。

四是建好智能工厂示范工程。围绕生产管控、设备管理、安全环保、能源管理、供应链管理、辅助决策等方面开展智能化应用，提高企业劳动生产率、安全运行能力、应急响应能力、风险防范能力和科学决策能力。

五是加快大型化肥企业能源管理中心建设。通过对化肥企业能源生产、输配和消耗实施动态监控和管理，优化化肥企业能源管理流程，提升能源管理水平，实现企业节能降耗、绿色发展。

(六) 加强农化服务

一是加快转变经营理念。要适应农业深化改革和集约发展的新要求，化肥企业经营理念必须从产品制造向服务制造转变，通过农企对接、贴心服务，拓展新的发展空间。

二是推进专业化农化服务体系建设。整合企业农化服务专职队伍，提高服务科技含量，构建集测土配方施肥、套餐肥配送、科学施肥技术指导、农技知识咨询培训、示范推广及信息服务等为一体的农化服务网络体系。

三是创新农化服务模式。围绕现代农业发展，根据作物种类、种植方式、耕种群体的变化，分别推出现场配制、大户定制、大配方小调整等不同的商业服务模式，并通过电商平台开展跟踪服务，赢得信誉。

（七）借力"一带一路"战略拓展国际市场

一是鼓励有条件的企业到化肥资源短缺的国家投资建厂、设立研发中心，充分利用国际市场和国际资源，转移输出部分优势产能。

二是完善尿素、磷铵出口和硫磺、可溶性钾盐进口协调机制，加强行业自律，努力培育进出口主体，提高国际市场话语权。

三是加快境外钾肥基地建设，鼓励企业在有资源条件的国家采取包销、参股控股、勘探开发等多种方式建成一批钾肥生产基地。通过落实"一带一路"战略，加快化肥行业"走出去"步伐，构建互利双赢的全方位对外开放新格局。

（八）加大政策扶持力度

一是通过技术改造、转型升级等专项资金（基金），支持和引导化肥企业转型发展。

二是鼓励社会资金，通过参股、入股或设立化肥行业转型发展产业基金等模式，积极参与行业转型升级。

三是积极研究化肥企业国际产能合作的相关政策，引导企业开拓国际市场。

各地区、各部门要积极推动本地区化肥行业转型发展，研究出台支持配套政策，促进行业平稳健康发展。

工业和信息化部

2015年7月20日

国务院关于进一步深化化肥流通体制改革的决定

国发〔2009〕31号

各省、自治区、直辖市人民政府，国务院各部委、各直属机构：

1998年以来，各地区、各有关部门认真贯彻落实《国务院关于深化化肥流通体制改革的通知》（国发〔1998〕39号）精神，积极稳妥地推进化肥流通体制改革，化肥产业得到持续快速发展。为进一步深化化肥流通体制改革，调动各方面参与化肥经营的积极性，不断提高为农服务水平，满足农业生产发展需要，现做出如下决定：

一、放开化肥经营限制

取消对化肥经营企业所有制性质的限制，允许具备条件的各种所有制及组织类型的企业、农民专业合作社和个体工商户等市场主体进入化肥流通领域，参与经营，公平竞争。申请从事化肥经营的企业要有相应的住所，申请从事化肥经营的个体工商户要有相应的经营场所；企业注册资本（金）、个体工商户的资金数额不得少于3万元人民币；申请在省域范围内设立分支机构、从事化肥经营的企业，企业总部的注册资本（金）不得少于1000万元人民币；申请跨省域设立分支机构、从事化肥经营的企业，企业总部的注册资本（金）不得少于3000万元人民币。满足注册资本（金）、资金数额条件的企业、个体工商户等可直接向当地工商行政管理部门申请办理登记,从事化肥经营业务。企业从事化肥连锁经营的,可持企业总部的连锁经营相关文件和登记材料,直接到门店所在地工商行政管理部门申请办理登记手续。

二、规范企业经营行为

化肥经营者应建立进货验收制度、索证索票制度、进货台账和销售台账制度,相关记录必须保存至化肥销售后两年,以备查验。化肥经营应明码标价,化肥的包装、标识要符合有关法律法规规定和国家标准。化肥生产和经营者不得在化肥中掺杂、掺假,以假充真、以次充好或者以不合格商品冒充合格商品。化肥经营者要对所销售化肥的质量负责,在销售时应主动出具质量保证证明,如果化肥存在质量问题,消费者可根据质量保证证明依法向销售者索赔。化肥经营者应掌握基本的化肥业务知识,并应主动向化肥使用者提供化肥特性、使用条件和方法等有关咨询服务。

三、鼓励连锁集约经营

国家鼓励大型化肥生产、流通企业以及具备一定实力和规模的社会资本通过兼并重组等方式,整合资源,发展连锁和集约化经营。对建设和完善区域性化肥交易市场以及化肥储备、经营与现代物流设施的,各级政府要积极予以扶持。化肥交易市场要建立健全化肥产品质量管理制度,不断完善交易规则,有效保护客户的合法权益。

四、强化市场监督管理

各地区和有关部门要切实加强对化肥经营放开后的市场监

管工作。农业部门应当定期对可能危害农产品质量安全的肥料进行监督抽查，并公布抽查结果。质检部门要加强化肥生产源头质量监管，加强检查，严厉查处有效含量不足、掺杂使假、标识欺诈、计量违法等行为。工商部门要加强化肥经营主体监管，加大对销售假冒伪劣化肥、虚假广告等坑农害农行为的查处力度，督促经营者建立和完善购销台账、索证索票制度，开展化肥市场信用分类监管，推进化肥市场信用体系建设。价格部门要加强对哄抬价格、串通涨价、价格欺诈以及不按规定明码标价等行为的查处。海关系统要严厉打击化肥走私。各有关部门要加强信息共享，协同开展农资打假，提高行政效能。要大力普及化肥知识，提高农民群众维权能力，畅通举报投诉渠道。要建立健全有关法律法规，依法加强监督管理工作。地方各级人民政府要维护公平竞争的市场秩序，坚决破除地方保护主义。

国务院
二〇〇九年八月二十四日

国家发展改革委关于推进化肥用气价格市场化改革的通知

发改价格〔2016〕2350号

各省（自治区、直辖市）发展改革委、物价局，中国石油天然气集团公司、中国石油化工集团公司：

根据《中共中央 国务院关于推进价格机制改革的若干意见》（中发〔2015〕28号）精神，结合国内外天然气市场形势，经国务院同意，决定推进化肥用气价格市场化改革。现就有关事项通知如下：

一、放开化肥用气价格

为推进化肥行业供给侧结构性改革，促进化解产能过剩矛盾，优化天然气资源配置，全面放开化肥用气价格，由供需双方协商确定。

鼓励化肥用气进入石油天然气交易中心等交易平台，通过市场交易形成价格，实现价格公开透明。

二、实施时间

上述方案自2016年11月10日起实施。

三、工作要求

推进化肥用气价格市场化改革，是天然气价格改革的又一重要举措。各地区、各有关部门和天然气生产经营企业要通力合作，精心组织，确保改革方案平稳出台。

（一）保障天然气市场平稳运行。各地要加强市场监测分析预警，建立应急预案，及时排查可能出现的问题，完善应急措施。天然气生产经营企业要加强生产组织和供需衔接，特别是做好冬季用气高峰供应工作；主动配合地方发展改革（价格）部门，加强沟通和协商，认真做好相关工作。

（二）保持化肥市场基本稳定。天然气生产经营企业要加强与化肥企业沟通，妥善协商具体价格，对用气量大或承担调峰责任的化肥企业，价格给予适当折让，折让幅度与停供、断供时间和气量挂钩；对转型期确有困难的化肥企业给予适当价格优惠，确保平稳退出。

（三）加强天然气市场监管。各地价格主管部门要加强化肥用气价格和化肥市场价格监测，依法查处通过改变计价方式、增设环节、强制服务等方式提高或变相提高价格，以及达成并实施垄断协议、滥用市场支配地位等违法违规行为，切实维护市场秩序。消费者可通过12358价格监管平台举报价格违法行为。

国家发展改革委
2016年11月5日

财政部、海关总署、国家税务总局关于对化肥恢复征收增值税政策的通知

财税〔2015〕90号

各省、自治区、直辖市、计划单列市财政厅（局）、国家税务局，海关总署广东分署、各直属海关，新疆生产建设兵团财务局：

为优化农业生产投入结构，促进农业可持续发展，经国务院批准，化肥增值税优惠政策停止执行。现就有关政策明确如下：

一、自2015年9月1日起，对纳税人销售和进口化肥统一按13%税率征收国内环节和进口环节增值税。钾肥增值税先征后返政策同时停止执行。

二、化肥的具体范围，仍然按照《国家税务总局关于印发的通知》（国税发〔1993〕151号）的规定执行。进口环节恢复征收增值税的化肥税号见附件。

三、财政部、国家税务总局《关于若干农业生产资料征免增值税政策的通知》（财税〔2001〕113号）第一条第2项和第4项"化肥"的规定、《财政部 国家税务总局关于进口化肥税收政策问题的通知》（财税〔2002〕44号）、《财政部 国家税务总局关于钾肥增值税有关问题的通知》（财税〔2004〕197号）、《财政部 国家税务总局关于暂免征收尿素产品增值税的

通知》（财税〔2005〕87号）、《财政部 国家税务总局关于免征磷酸二铵增值税的通知》（财税〔2007〕171号）自2015年9月1日起停止执行。

附件：进口环节恢复征收增值税的化肥税号（略）

财政部
海关总署
国家税务总局
2015年8月10日

财政部、国家税务总局关于对化肥恢复征收增值税政策的补充通知

财税〔2015〕97号

各省、自治区、直辖市、计划单列市财政厅（局）、国家税务局，新疆生产建设兵团财务局：

为解决化肥恢复征收增值税以前库存化肥的增值税问题，现就《财政部　海关总署　国家税务总局关于对化肥恢复征收增值税政策的通知》（财税〔2015〕90号）补充通知如下：

一、自2015年9月1日起至2016年6月30日，对增值税一般纳税人销售的库存化肥，允许选择按照简易计税方法依照3%征收率征收增值税。

二、化肥属于取消出口退（免）税的货物，仍按照《财政部　国家税务总局关于出口货物劳务增值税和消费税政策的通知》（财税〔2012〕39号）规定，其出口视同内销征收增值税。出口日期，以出口货物报关单（出口退税专用）上注明的出口日期为准。

出口的库存化肥，适用本通知第一条的规定。

三、纳税人应当单独核算库存化肥的销售额，未单独核算的，不得适用简易计税方法。

四、本通知所称的库存化肥，是指纳税人2015年8月31日前生产或购进的尚未销售的化肥。

五、《财政部　国家税务总局关于农民专业合作社有关税收政策的通知》（财税〔2008〕81号）第三条关于"化肥"的规定自2015年9月1日起停止执行。

财政部
国家税务总局
2015年8月28日

国家税务总局关于化肥恢复征收增值税后库存化肥有关税收管理事项的公告

2015 年第 64 号

根据《财政部 海关总署 国家税务总局关于对化肥恢复征收增值税政策的通知》（财税〔2015〕90 号）和《财政部 国家税务总局关于对化肥恢复征收增值税政策的补充通知》（财税〔2015〕97 号）有关规定，为落实好化肥恢复征收增值税相关政策，现就纳税人 2015 年 8 月 31 日前生产或购进尚未销售的化肥（以下简称库存化肥）有关事项公告如下：

一、2015 年 9 月 30 日前，纳税人应将库存化肥品种、数量等资料向主管税务机关备案。

纳税人按期办理增值税纳税申报时，需随同纳税申报表向税务机关提交库存化肥销售情况的有关说明材料，详细列明本期销售库存化肥的品种、数量、发票开具份数、发票号码、发票代码、销售额、增值税税额等情况。

二、主管税务机关应建立库存化肥税收管理台账，按品种设立明细账目，记录纳税人库存化肥销售及结余数量的变化。

三、纳税人 2016 年 7 月 1 日后销售的库存化肥，一律按适用税率缴纳增值税。

四、主管税务机关应加强化肥恢复征收增值税后的税收管理，结合增值税发票及纳税申报数据，开展库存化肥销售、结余、报税的分析比对工作。同时，主管税务机关要进一步做好化肥恢复征收增值税政策的解释、宣传与辅导，确保税收政策调整平稳过渡。

五、本公告自发布之日起施行。

特此公告。

国家税务总局
2015 年 9 月 15 日

化肥进口组织实施办法

外经贸管发〔1999〕第 27 号

第一章 总 则

第一条 化肥是关系国计民生的大宗重要商品,为进一步加强和完善对化肥进口的宏观调控,建立公开、公平、公正、效益的进口管理机制,维护化肥正常的进口经营秩序和国内营销秩序,根据《对外贸易法》、《海关法》、《中华人民共和国进口货物许可制度暂行条例》和国务院关于化肥进口管理的有关规定,特制定本办法。

第二条 国家经贸委会同外经贸部负责化肥进口的总量平衡工作。外经贸部负责化肥进口的组织实施工作,并按《国务院关于深化化肥流通体制改革的通知》(国发〔1998〕39号)的精神,加强化肥进口代理企业的业务指导和协调管理。

第三条 外经贸部在不突破化肥进口平衡总量的情况下,

负责调整计划。超过进口计划总量的调整，外经贸部在征得国家经贸委同意后下达。

第二章 代理进口企业

第四条 本办法所称代理进口企业，是指依照本办法规定，有资格从事自营或代理化肥进口的外经贸企业。

第五条 外经贸部根据国务院批准的《进口商品经营管理暂行办法》，对化肥进口实行核定公司经营管理。

第六条 列入进口化肥计划的国内用户和代理进口企业是委托与代理关系，代理进口企业受使用进口化肥计划的国内用户委托，代理进口化肥。

进口化肥的国内用户或代理进口企业为同一法人时，可以自行进口化肥。

第七条 其他任何未经核定的公司不得自营或代理进口化肥，进口化肥的国内用户和代理进口企业不得从事"自带客户、自带货源、自带汇票、自行报关和不见进口产品、不见供货货主、不见外商"的进口代理方工（以下简称"四自三不见"），否则发证机关将不予办理进口手续。

第三章 总量的平衡、下达

第八条 国家经贸委负责编制全国化肥进口总量计划，并报国务院批准。

第九条 外经贸部与国家有关部门根据国务院批准的全国进口总量计划,将分省市计划联合下达到各省、自治区、直辖市和计划单列市(以下简称"各地方")以及国家管理企业。

第十条 为配合国际多、双边谈判需要而进口的化肥,在国务院批准的全国进口总量计划中单列,由外经贸部具体组织实施。

第四章 反馈与调整

第十一条 外经贸部负责对本办法第九条规定的分省市计划的分配和使用情况,进行跟踪核查,各省级主管部门、用户和代理进口企业,有义务及时、如实、详尽地反馈情况。

第十二条 根据国民经济发展的需要、国内外相关市场的情况,和本章第十一条的规定,外经贸部负责对已下达到各地方和国家管理企业的化肥进口计划进行调整。

调整方式包括贸易方式调整、流向调整、品种调整和分配方式调整。

贸易方式调整是指将某一贸易方式项下的进口配额调整为另一贸易方式项下的进口配额。

流向调整是指对国家管理企业之间、地方之间、国家管理企业和地方之间的进口配额进行数量调整。

品种调整是指对各地方和各有关部门进口化肥品种的比例进行调整。

分配方式调整是指对行政分配和通过招标、拍卖等方式分配的进口配额数量进行调整。

第十三条 代理进口企业每年4月、7月、10月和次年1月中旬前向外经贸部上报上一季度的自营和代理进口情况,包括国内用户、销售情况、化肥品种、价格、交货期、国别、代理费等,并附相应的对外合同、代理合同、报关单、提单、国外发票和代理发票等复印件。并于每年2月中旬前将上一年度进口总体情况报外经贸部。

第十四条 地方外经贸主管部门与国家管理企业要在每年4月、7月、10月和次年1月中旬前将上一季本地方和本企业进口执行情况及相关生产、市场情况报外经贸部,并于每年2月中旬前上一年度进口总体情况报外经贸部。

第十五条 外经贸部将与海关总署、外汇管理局、银行等有关部门建立计算机联网核查制,及时掌握化肥进口的发证、报关、用汇、进口数量、进口价格情况。

第十六条 外经贸部将与有关部门、产业部门建立日常联系制度,及时掌握化肥国内的生产和市场情况。

第十七条 地方外经贸主管部门与国家管理企业分别在每年4月10日和10月10日之前,向外经贸部上报本地区和本企业需调整的化肥数量、品种的情况,并附必要的证明材料。外经贸部于当年4月底和10月底之前,在总量平衡内负责调整,调整超出全国进口平衡总量,由外经贸部商国家经贸委后联合下达。

第十八条 未经外经贸部同意对进口配额的调整一律无效,发证机关不予签发进口许可证。

第五章 指导和协调进口代理工作

第十九条 各地外经贸主管部门在收到全国化肥进口预计货计划和全年计划以及调整计划后，应立即商地方经贸委了解和汇总本地区化肥的需求，包括所需品种的比例、用户和对到货期和进口国别等的要求，并联合地方经贸委下达二次分配计划，经地方省政府批准同意后，报外经贸部备案。

第二十条 各地方使用进口化肥的国内用户，自行委托有进口化肥代理经营权的企业进口，代理进口企业凭国内用户提供的各地方外经贸委（厅、局）、经贸委（经委、计经委）盖章核发的《重要商品进口登记表》签订代理合同。

第二十一条 使用进口化肥的国家管理企业自行委托有进口化肥代理经营权的企业进口，代理进口企业凭国内用户提供的外经贸部核发的《重要商品进口登记表》签订代理合同。

第二十二条 《重要商品进口登记表》一式四联。第一联（绿色）交外经贸部配额许可证事务局；第二联（紫色）外经贸部贸管司存档；第三联（蓝色）代理进口企业存档；第四联（白色）由发放登记表的机关存档。

第二十三条 代理进口企业在签订代理合同时，须在合同中注明最终确认条款如下：本合同的确认以获得中华人民共和国对外贸易经济合作部签发的进口许可证后最终生效。

第二十四条 地方外经贸主管部门在组织实施化肥进口的过程中，要根据国际市场的变化，结合地方实际情况，协调统一,科学的组织进口,体现动态管理的原则,有序核发《重要商品进口登记表》。

第二十五条 代理进口企业向外经贸部提交《重要商品进口登记表》第一、二联、代理合同等材料,经外经贸部审核后加盖"外经贸部重要商品进口登记专用章"。

代理进口企业凭盖有"外经贸部重要商品进口登记专用章"的《重要商品进口登记表》第一联到配额许可证事务局申领进口许可证。《重要商品进口登记表》为签发进口许可证的唯一凭证。

第二十六条 海关验放货物的唯一凭证为进口许可证。

第二十七条 银行和外汇管理局凭进口许可证和有关单据对外付汇。

第六章 罚 则

第二十八条 对有下列行为之一的国内用户和代理进口企业,外经贸部将依据情节给予警告、减少代理比例、扣减进口配额、暂停或取消代理资格的处罚,触犯刑法的,移交司法机关追究其刑事责任。

(一)代理进口企业未按协议规定的品种、价格、质量、代理费和交货期限交货;

(二)从事"四自三不见"的代理业务。

(三)走私或以加工贸易、转口贸易等名义变相走私进口化肥;

(四)伪造、变造化肥《重要商品进口登记表》;

(五)明知是伪造、变造的《重要商品进口登记表》、进口

许可证,而用以进口的;

(六)配额使用率低;

(七)倒卖或非法转让进口配额、进口许可证。

第二十九条 任何单位和企业都有权利和义务检举、投诉有违反本办法的行为。

第七章 附 则

第三十条 边境小额贸易项下、对外经济技术和劳务合作项下的化肥进口管理,按外经贸部制定的有关规定执行。

第三十一条 经济特区企业的化肥进口管理暂按现行有关规定执行。

第三十二条 外商投资企业化肥进口管理暂按现行有关规定执行。

第三十三条 本办法自发布之日起实施,凡过去发布的有关规定与本办法不符的,一律以本办法为准。

第三十四条 本办法由外经贸部负责解释。

附件:

重要商品进口登记表

1、代理进口企业:	2、编号:
3、进口用户:	4、有效截止时间:
5、贸易方式:	8、出口国(地区):
6、外汇来源:	9、原产地国(地区):

续表

7、报关口岸：				10、商品用途：			
11、商品分类：				商品编码：			
12、商品名称	13、单位	14、数量	15、单价（　）		16、总值	17、总值折美元	
18、总计							
19、备注							
20、省级计委或经贸委盖章： 经办人签字： 　年　　月　　日			21、省级外经贸主管部门盖章： 经办人签字： 　年　　月　　日			22、外经贸部盖章： 经办人签字： 　年　　月　　日	

对外贸易经济合作部监制（99）

化肥进口关税配额管理暂行办法

中华人民共和国国家经济贸易委员会
中华人民共和国海关总署令
第 27 号

根据《中华人民共和国货物进出口管理条例》的规定，国家经贸委会同海关总署制定了《化肥进口关税配额管理暂行办法》。现予公布，自2002年2月1日起执行。

国家经济贸易委员会主任
海关总署署长
二〇〇二年一月十五日

第一章 总 则

第一条 为促进公平贸易，按照公开、公正、公平和非歧视的原则管理化肥进口，根据《中华人民共和国货物进出口管理条例》的有关规定，制定本办法。

第二条　本办法所称化肥进口关税配额是指在公历年度内，国家确定实行关税配额管理的化肥品种以及年度市场准入数量，在确定数量内的进口适用关税配额内税率，超过该数量的进口适用关税配额外税率。

第三条　化肥进口关税配额为全球配额。

第二章　化肥关税配额管理机构

第四条　国家经济贸易委员会（以下简称国家经贸委）负责全国化肥关税配额管理工作。

第五条　实行关税配额管理的化肥品种和年度配额总量由国家经贸委对外公布，并同时公布由国务院关税税则委员会确定的关税配额商品税目及配额内外税率。

第六条　国家经贸委负责化肥进口关税配额的总量管理、发放分配、组织实施和执行协调。

（一）国家经贸委负责在化肥进口关税配额总量内，根据国民经济综合平衡及资源合理配置的要求，对化肥进口关税配额进行分配。

（二）国家经贸委根据化肥关税配额的年度进口执行情况，对化肥进口关税配额的分配予以及时调整。

（三）国家经贸委负责设立化肥进口关税配额咨询点，提供咨询。

国家经贸委授权的化肥关税配额管理机构（以下简称授权机构）负责管辖范围内化肥进口关税配额的发证、统计、咨询和其他授权工作。国家经贸委授权机构见有关文件。

第七条　海关对化肥进口关税配额商品依法实行监管、征税、稽查和统计，并负责定期公布化肥进口关税配额商品进口情况。

第三章　关税配额内进口

第八条　凡在中华人民共和国工商行政管理部门登记注册的企业（以下简称为申请单位），在其经营范围内均可向所在地区的授权机构申请化肥进口关税配额。

第九条　国家经贸委将于每年的9月15日至10月14日公布下一年度的关税配额数量。

申请单位应当在每年的10月15日至10月30日向国家经贸委提出化肥关税配额的申请。

申请单位有关关税配额的咨询可向国家经贸委及其授权机构提出，应在10个工作日内答复。

第十条　尿素、磷酸二铵、复合肥的进口，依据本办法第十一条规定的原则进行分配。

第十一条　国家经贸委分配关税配额时，应当考虑下列因素：

（一）申请单位以往的进口实绩；

（二）申请单位的生产能力、经营规模、销售状况；

（三）以往分配的配额是否得到充分使用；

（四）新的进口经营者的申请情况；

（五）申请配额的数量情况；

（六）其他需要考虑的因素。

第十二条 国家经贸委根据各地区生产和市场需求，于每年 12 月 31 日前将化肥关税配额分配到进口用户。

国家经贸委应当及时将年度关税配额总量分配方案和关税配额证明实际发放的情况抄送外经贸部。

国家经贸委或者其授权机构依据本办法签发相应的《化肥进口关税配额证明》，并加盖化肥进口关税配额专用章。《化肥进口关税配额证明》需要延期或变更的，一律重新办理，旧证同时撤消。

第十三条 进口化肥关税配额产品时，进口单位向海关提供《化肥进口关税配额证明》的，海关按配额内税率征税。进口关税配额内化肥，海关凭《化肥进口关税配额证明》验放，并按照贸易方式分别统计进口。

第十四条 《化肥进口关税配额证明》和化肥进口关税配额专用章由国家经贸委统一监制。

第四章 关税配额有效期及调整

第十五条 化肥进口关税配额公历年度内有效，《化肥进口关税配额证明》在公历年度内有效期不超过 180 天。

化肥关税配额持有者，在配额证明有效期内未完成进口时，可以到原发证机构办理延期手续，最长期限不超过前款规定。

第十六条 化肥关税配额持有者，如在当年无法完成进口的，应当在9月15日前将配额证明退还原发证机构。

第十七条 国家经贸委每年9月15日至30日受理重新分配关税配额的申请，并于当年10月15日前将退回的关税配额重新进行再分配。

第五章 国营贸易和非国营贸易

第十八条 国家对化肥进口实行国营贸易管理。国营贸易企业名单由国家经贸委会同外经贸部确定，由外经贸部对外公布。

第十九条 国营贸易企业按照公开、公平和公正的原则，根据正常的商业条件从事进口经营，不得以非商业因素选择供应商，不得拒绝其他企业或者组织的委托，也不得歧视非国营贸易企业。

第二十条 按照规定的资格和条件，有关企业可以向国家经贸委申请成为非国营贸易企业。由国家经贸委会同外经贸部负责认定，由外经贸部对外公布。

第二十一条 国家可以安排一定数量的关税配额，由非国营贸易企业进口经营。其中：

（一）尿素每年不少于10%的关税配额安排非国营贸易企业进口经营；

（二）磷酸二铵第一年不少于10%的关税配额安排非国营贸

易企业进口经营，以后每年增加 5 个百分点，最终非国营贸易进口比例达到 49%；

（三）复合肥第一年不少于 10% 的关税配额安排非国营贸易企业进口经营，以后每年增加 5 个百分点，最终非国营贸易进口比例达到 49%。

第六章 罚 则

第二十二条 进口关税配额仅限于申请单位自用，《化肥进口关税配额证明》不得转让或者倒卖。对违反规定的，国家经贸委负责收回其《化肥进口关税配额证明》；情节严重的，取消其申请进口关税配额资格；构成犯罪的，依法追究刑事责任。

第二十三条 配额证明持有者未能在配额证明有效期内完成进口，又未在规定期限内将配额证明退还原发证机构的，国家经贸委将相应扣减其下年度关税配额。

第七章 附 则

第二十四条 凡具有化肥进口经营权的企业均可按关税配额外税率进口化肥，没有数量限制，无须许可，海关凭进口合同按配额外税率征税验放。

第二十五条 对原产于与中华人民共和国订有关税互惠协议的国家或地区的进口关税配额化肥，按《中华人民共和国海关进出口税则》规定的配额内税率或者配额外优惠税率征税。

对原产于与中华人民共和国未订有关税互惠协议的国家或地区的进口关税配额化肥，按配额外普通税率征税；经国务院关税税则委员会特别批准，也可以按配额内税率或者配额外优惠税率征税。

第二十六条 化肥关税配额的进口经营、购汇等，按照国家有关规定执行。

第二十七条 本办法由国家经贸委、海关总署负责解释。

第二十八条 本办法自二〇〇二年二月一日起执行。

附　录

2018年化肥进口关税配额总量、分配原则及相关程序

中华人民共和国商务部公告
2017年第69号

根据《中华人民共和国货物进出口管理条例》、《化肥进口关税配额管理暂行办法》，商务部制定了《2018年化肥进口关税配额总量、分配原则及相关程序》，现予以公布，请遵照执行。

联系人：对外贸易司　耿协威
地　址：北京市东长安街2号商务部
邮政编码：100731
电　话：010-65197432
传　真：010-65197434
邮　箱：gengxiewei@mofcom.gov.cn

商务部
2017年10月30日

第一条　化肥进口关税配额总量

2018年化肥进口关税配额总量为1365万吨。其中，尿素330万吨；磷酸二铵690万吨；复合肥345万吨。

第二条　分配原则

2018年化肥进口关税配额实行先来先领的分配方式。凡在工商行政管理部门登记注册的企业，在其经营范围内均可申请化肥进口关税配额。

第三条　国营贸易及非国营贸易关税配额

2018年化肥国营贸易关税配额数量分别为：尿素297万吨，磷酸二铵352万吨，复合肥176万吨。国营贸易企业中国中化集团公司、中国农业生产资料集团公司在国营贸易总量内申请关税配额。

2018年化肥非国营贸易配额数量分别为：尿素33万吨，磷酸二铵338万吨，复合肥169万吨。非国营贸易企业中国化工建设总公司、华垦国际贸易有限公司在非国营贸易总量内申请关税配额。

其他企业根据实际进口需要选择申请国营贸易关税配额或非国营贸易关税配额，由国营贸易企业或非国营贸易企业代理进口。

第四条　先来先领

企业申领化肥进口关税配额实行先来先领，直至化肥进口关税配额总量申领完毕。企业申领化肥进口关税配额时，其可申领的起始关税配额数量根据以往实际关税配额使用情况设定，在起始关税配额数量内企业可分次申领《化肥进口关税配额证明》。企业报关进口后或将未使用的化肥进口关税配额退回后，可在不超过起始关税配额数量的范围内再次申领化肥进口关税配额。

第五条 起始关税配额数量

2018年起始数量以2017年起始数量为基础，并按以下情况进行调整：

（一）2017年核销率在80%以上的企业，上调40%；

（二）2017年核销率在50%—79%的企业，上调20%；

（三）2017年核销率在25%—49%的，维持不变；

（四）2017年核销率在25%以下的，扣减50%；

（五）2017年之前有业绩，但2017年没有申领化肥进口关税配额证明的企业，起始量维持不变；

（六）新申请企业：起始关税配额2000吨。

（七）2018年关税配额起始申领量最高不超过50万吨，最低不低于2000吨。

第六条 申请材料

企业向受商务部委托的化肥进口关税配额发证机构（以下称关税配额发证机构）申领化肥进口关税配额，申领时需提供以下材料原件或副本及复印件：

（一）《化肥进口关税配额申请表》及申明报送材料真实性的承诺函；

（二）具有法律效力的进口合同或委托代理的进口合同；

（三）银行信用证或其他付汇凭证；

（四）提单或其他能证明货物所有权的有效凭证；

（五）关税配额管理机构要求出具的其他材料；

（六）2018年度内首次申领的新申请企业除提供上述规定材料外，需同时提供营业执照及企业代码，中外合资经营企业、中外合作经营企业和外资企业需提供批准证书或依据《外商投资企业设立及变更备案管理暂行办法》取得的备案回执。

第七条 《化肥进口关税配额证明》的申请、受理及发放

各关税配额发证机构负责受理所在地企业化肥进口关税配额申请，并在5个工作日内为申请材料齐全、符合条件的企业签发《化肥进口关税配额证明》，同时留存企业申请材料的复印件。

各关税配额发证机构可以邮寄、快递、现场提交的方式向商务部行政事务服务大厅提交符合条件的首次申领化肥进口关税配额企业的申请和营业执照、企业代码、中外合资经营企业、中外合作经营企业和外资企业批准证书（或依据《外商投资企业设立及变更备案管理暂行办法》取得的备案回执）等申请材料复印件，并抄送商务部配额许可证事务局。商务部对外贸易司审核备案后，即可到关税配额发证机构申领化肥进口关税配额证明。

第八条 《化肥进口关税配额证明》的有效期、更改和遗失

《化肥进口关税配额证明》有效期3个月，最迟不得超过2018年12月31日。延期或者变更的，需重新办理，旧证撤销同时换发新证，并在备注栏中注明原证号。《化肥进口关税配额证明》如遗失，企业应在10个工作日内向原关税配额发证机构和证面所列报关口岸办理挂失手续。核实无误后，原关税配额发证机构签发新证并在备注栏中注明原证号。

第九条 已使用《化肥进口关税配额证明》的核销

企业在报关进口的 10 个工作日内，凭加盖企业公章的书面核销函到关税配额发证机构预核销已使用《化肥进口关税配额证明》，核销函需列明化肥进口关税配额证号、报关单号、报关数量、报关日期、报关口岸等。预核销的已使用关税配额不计入企业可申领的起始关税配额数量，企业可按预核销数量再次申领《化肥进口关税配额证明》。企业办理全部付汇、清关手续后，需凭报关单及付汇凭证到关税配额发证机构正式核销已使用《化肥进口关税配额证明》。正式核销手续应在清关后 3 个月内完成。

对于确需延期付汇的企业，需由企业出函说明情况，并承诺在付汇后，持银行出具的境外汇款申请书（企业联）到关税配额发证机构正式核销。

第十条 未使用《化肥进口关税配额证明》的退还

企业需将未使用或未全部使用的《化肥进口关税配额证明》在有效期满后 15 个工作日内退还关税配额发证机构。企业退回的未使用化肥进口关税配额数量归入全国未使用化肥进口关税配额总量。

第十一条 《化肥进口关税配额证明》核销的监督管理

商务部配额许可证事务局负责全国《化肥进口关税配额证明》核销工作的监督和管理，并将分季度监测、公布企业《化肥进口关税配额证明》的核销率，即企业已核销数量（含预核销数量）/企业已申领总量。

商务部配额许可证事务局督促关税配额发证机构提醒第一季度末累计核销率低于 25% 的企业及时交回未用关税配额，对第二季度末累计核销率低于25%的企业给予警示和警告，对第三季度末累计核销率低于25%的企业，采取扣减50%起始关税配额数量、暂停发放新的《化肥进口关税配额证明》等措施。

企业全年核销率将作为该企业2019年起始关税配额数量的设定依据。

第十二条 未使用化肥进口关税配额量的公布

化肥进口关税配额剩余量不足年度配额总量20%时，商务部配额许可证事务局将每半个月公布一次全国化肥进口关税配额剩余数量。

第十三条 企业的相关责任

申请企业应遵守国家安全生产等有关法律法规，对其报送材料的真实性负责，并同时出具加盖企业公章的承诺函。企业如有伪造、变造报送材料的行为，将追究其法律责任。

伪造、变造或者买卖《化肥进口关税配额证明》的，将追究其刑事责任。

对有上述违法行为的企业，关税配额管理机构3年内不受理其《化肥进口关税配额证明》申请。

第十四条 其他

自2017年12月15日起，关税配额管理机构受理化肥进口关税配额申请并发放2018年《化肥进口关税配额证明》。

第十五条 本公告由商务部负责解释。

附件：1. 化肥进口关税配额管理税目、税率表（略）

2. 商务部委托的化肥进口关税配额发证机构（略）

全国普法学习读本
★★★★★

肥料饲料管理法律法规学习读本

饲料综合管理法律法规

■ 曾朝 主编

加大全民普法力度，建设社会主义法治文化，树立宪法法律至上、法律面前人人平等的法治理念。

——中国共产党第十九次全国代表大会《决胜全面建成小康社会 夺取新时代中国特色社会主义伟大胜利》

汕头大学出版社

图书在版编目（CIP）数据

饲料综合管理法律法规／曾朝主编．－－汕头：汕头大学出版社（2021.7重印）

（肥料饲料管理法律法规学习读本）

ISBN 978-7-5658-3521-6

Ⅰ．①饲… Ⅱ．①曾… Ⅲ．①饲料-综合管理-法规-中国-学习参考资料 Ⅳ．①D922.44

中国版本图书馆 CIP 数据核字（2018）第 038067 号

饲料综合管理法律法规　SILIAO ZONGHE GUANLI FALÜ FAGUI

主　　编：	曾　朝
责任编辑：	邹　峰
责任技：	黄东生
封面设计：	大华文苑
出版发行：	汕头大学出版社
	广东省汕头市大学路 243 号汕头大学校园内　邮政编码：515063
电　　话：	0754-82904613
印　　刷：	三河市南阳印刷有限公司
开　　本：	690mm×960mm 1/16
印　　张：	18
字　　数：	226 千字
版　　次：	2018 年 5 月第 1 版
印　　次：	2021 年 7 月第 2 次印刷
定　　价：	59.60 元（全 2 册）

ISBN 978-7-5658-3521-6

版权所有，翻版必究

如发现印装质量问题，请与承印厂联系退换

前　言

习近平总书记指出："推进全民守法，必须着力增强全民法治观念。要坚持把全民普法和守法作为依法治国的长期基础性工作，采取有力措施加强法制宣传教育。要坚持法治教育从娃娃抓起，把法治教育纳入国民教育体系和精神文明创建内容，由易到难、循序渐进不断增强青少年的规则意识。要健全公民和组织守法信用记录，完善守法诚信褒奖机制和违法失信行为惩戒机制，形成守法光荣、违法可耻的社会氛围，使遵法守法成为全体人民共同追求和自觉行动。"

中共中央、国务院曾经转发了中央宣传部、司法部关于在公民中开展法治宣传教育的规划，并发出通知，要求各地区各部门结合实际认真贯彻执行。通知指出，全民普法和守法是依法治国的长期基础性工作。深入开展法治宣传教育，是全面建成小康社会和新农村的重要保障。

普法规划指出：各地区各部门要根据实际需要，从不同群体的特点出发，因地制宜开展有特色的法治宣传教育坚持集中法治宣传教育与经常性法治宣传教育相结合，深化法律进机关、进乡村、进社区、进学校、进企业、进单位的"法律六进"主题活动，完善工作标准，建立长效机制。

特别是农业、农村和农民问题，始终是关系党和人民事业发展的全局性和根本性问题。党中央、国务院发布的《关于推进社会主义新农村建设的若干意见》中明确提出要"加强农村法制建设，深入开展农村普法教育，增强农民的法制观念，提高农民依法行使权利和履行义务的自觉性。"多年普法实践证明，普及法律知识，提高法制观念，增强全社会依法办事意识具有重要作用。特别是在广大农村进行普法教育，是提高全民法律素质的需要。

多年来，我国在农村实行的改革开放取得了极大成功，农村发生了翻天覆地的变化，广大农民生活水平大大得到了提高。但是，由于历史和社会等原因，现阶段我国一些地区农民文化素质还不高，不学法、不懂法、不守法现象虽然较原来有所改变，但仍有相当一部分群众的法制观念仍很淡化，不懂、不愿借助法律来保护自身权益，这就极易受到不法的侵害，或极易进行违法犯罪活动，严重阻碍了全面建成小康社会和新农村步伐。

为此，根据党和政府的指示精神以及普法规划，特别是根据广大农村农民的现状，在有关部门和专家的指导下，特别编辑了这套《全国普法学习读本》。主要包括了广大人民群众应知应懂、实际实用的法律法规。为了辅导学习，附录还收入了相应法律法规的条例准则、实施细则、解读解答、案例分析等；同时为了突出法律法规的实际实用特点，兼顾地方性和特殊性，附录还收入了部分某些地方性法律法规以及非法律法规的政策文件、管理制度、应用表格等内容，拓展了本书的知识范围，使法律法规更"接地气"，便于读者学习掌握和实际应用。

在众多法律法规中，我们通过甄别，淘汰了废止的，精选了最新的、权威的和全面的。但有部分法律法规有些条款不适应当下情况了，却没有颁布新的，我们又不能擅自改动，只得保留原有条款，但附录却有相应的补充修改意见或通知等。众多法律法规根据不同内容和受众特点，经过归类组合，优化配套。整套普法读本非常全面系统，具有很强的学习性、实用性和指导性，非常适合用于广大农村和城乡普法学习教育与实践指导。总之，是全国全民普法的良好读本。

目 录

饲料和饲料添加剂管理条例

第一章　总　则 …………………………………………（2）
第二章　审定和登记 ……………………………………（3）
第三章　生产、经营和使用 ……………………………（6）
第四章　法律责任 ………………………………………（13）
第五章　附　则 …………………………………………（19）
附　录
　　新饲料和新饲料添加剂管理办法 …………………（21）
　　饲料质量安全管理规范 ……………………………（27）
　　内蒙古自治区饲料和饲料添加剂管理办法 ………（42）

饲料和饲料添加剂生产许可管理办法

第一章　总　则 …………………………………………（51）
第二章　生产许可证核发 ………………………………（52）
第三章　生产许可证变更和补发 ………………………（54）
第四章　监督管理 ………………………………………（54）
第五章　罚　则 …………………………………………（55）
第六章　附　则 …………………………………………（56）
附　录
　　动物源性饲料产品安全卫生管理办法 ……………（58）
　　饲料生产企业审查办法 ……………………………（66）

饲料添加剂和添加剂预混合饲料产品批准文号管理办法 ……（72）
　　饲料添加剂和添加剂预混合饲料生产许可证管理方法……（77）

饲料产品认证管理办法

　　第一章　总　　则 ………………………………………（83）
　　第二章　组织实施 ………………………………………（84）
　　第三章　证书、标志管理 ………………………………（86）
　　第四章　监督管理 ………………………………………（88）
　　第五章　附　　则 ………………………………………（89）
　　附　录
　　　　饲料产品认证实施规则 ……………………………（90）
　　　　进口饲料和饲料添加剂登记管理办法 ……………（98）

进出口饲料和饲料添加剂检验检疫监督管理办法

　　第一章　总　　则 ……………………………………（105）
　　第二章　风险管理 ……………………………………（106）
　　第三章　进口检验检疫 ………………………………（107）
　　第四章　出口检验检疫 ………………………………（112）
　　第五章　过境检验检疫 ………………………………（120）
　　第六章　法律责任 ……………………………………（121）
　　第七章　附　　则 ……………………………………（122）
　　附　录
　　　　出入境粮食和饲料检验检疫管理办法 …………（124）
　　　　出口食用动物饲用饲料检验检疫管理办法 ……（131）

饲料和饲料添加剂管理条例

中华人民共和国国务院令

第 609 号

《饲料和饲料添加剂管理条例》已经2011年10月26日国务院第177次常务会议修订通过，现将修订后的《饲料和饲料添加剂管理条例》公布，自2012年5月1日起施行。

总理　温家宝

二〇一一年十一月三日

（1999年5月29日中华人民共和国国务院令第266号发布；根据2001年11月29日《国务院关于修改〈饲料和饲料添加剂管理条例〉的决定》第一次修订；2011年10月26日国务院第177次常务会议修订通过；根据2013年12月7日《国务院关于修改部分行政法规的决

定》第二次修订；根据 2016 年 2 月 6 日国务院令第 666 号《国务院关于修改部分行政法规的决定》第三次修订；根据 2017 年 3 月 1 日国务院令第 676 号《国务院关于修改和废止部分行政法规的决定》第四次修订）

第一章 总 则

第一条 为了加强对饲料、饲料添加剂的管理，提高饲料、饲料添加剂的质量，保障动物产品质量安全，维护公众健康，制定本条例。

第二条 本条例所称饲料，是指经工业化加工、制作的供动物食用的产品，包括单一饲料、添加剂预混合饲料、浓缩饲料、配合饲料和精料补充料。

本条例所称饲料添加剂，是指在饲料加工、制作、使用过程中添加的少量或者微量物质，包括营养性饲料添加剂和一般饲料添加剂。

饲料原料目录和饲料添加剂品种目录由国务院农业行政主管部门制定并公布。

第三条 国务院农业行政主管部门负责全国饲料、饲料添加剂的监督管理工作。

县级以上地方人民政府负责饲料、饲料添加剂管理的部门（以下简称饲料管理部门），负责本行政区域饲料、饲料添加剂的监督管理工作。

第四条 县级以上地方人民政府统一领导本行政区域饲料、饲料添加剂的监督管理工作，建立健全监督管理机制，保障监督管理工作的开展。

第五条 饲料、饲料添加剂生产企业、经营者应当建立健全质量安全制度,对其生产、经营的饲料、饲料添加剂的质量安全负责。

第六条 任何组织或者个人有权举报在饲料、饲料添加剂生产、经营、使用过程中违反本条例的行为,有权对饲料、饲料添加剂监督管理工作提出意见和建议。

第二章 审定和登记

第七条 国家鼓励研制新饲料、新饲料添加剂。

研制新饲料、新饲料添加剂,应当遵循科学、安全、有效、环保的原则,保证新饲料、新饲料添加剂的质量安全。

第八条 研制的新饲料、新饲料添加剂投入生产前,研制者或者生产企业应当向国务院农业行政主管部门提出审定申请,并提供该新饲料、新饲料添加剂的样品和下列资料:

(一)名称、主要成分、理化性质、研制方法、生产工艺、质量标准、检测方法、检验报告、稳定性试验报告、环境影响报告和污染防治措施;

(二)国务院农业行政主管部门指定的试验机构出具的该新饲料、新饲料添加剂的饲喂效果、残留消解动态以及毒理学安全性评价报告。

申请新饲料添加剂审定的,还应当说明该新饲料添加剂的添加目的、使用方法,并提供该饲料添加剂残留可能对人体健康造成影响的分析评价报告。

第九条 国务院农业行政主管部门应当自受理申请之日起5个工作日内,将新饲料、新饲料添加剂的样品和申请资料交全国饲料评审委员会，对该新饲料、新饲料添加剂的安全性、有效性及其对环境的影响进行评审。

全国饲料评审委员会由养殖、饲料加工、动物营养、毒理、药理、代谢、卫生、化工合成、生物技术、质量标准、环境保护、食品安全风险评估等方面的专家组成。全国饲料评审委员会对新饲料、新饲料添加剂的评审采取评审会议的形式，评审会议应当有9名以上全国饲料评审委员会专家参加，根据需要也可以邀请1至2名全国饲料评审委员会专家以外的专家参加，参加评审的专家对评审事项具有表决权。评审会议应当形成评审意见和会议纪要，并由参加评审的专家审核签字；有不同意见的，应当注明。参加评审的专家应当依法公平、公正履行职责，对评审资料保密，存在回避事由的，应当主动回避。

全国饲料评审委员会应当自收到新饲料、新饲料添加剂的样品和申请资料之日起9个月内出具评审结果并提交国务院农业行政主管部门；但是，全国饲料评审委员会决定由申请人进行相关试验的，经国务院农业行政主管部门同意，评审时间可以延长3个月。

国务院农业行政主管部门应当自收到评审结果之日起10个工作日内作出是否核发新饲料、新饲料添加剂证书的决定；决定不予核发的，应当书面通知申请人并说明理由。

第十条 国务院农业行政主管部门核发新饲料、新饲料添加剂证书，应当同时按照职责权限公布该新饲料、新饲料添加剂的产品质量标准。

第十一条 新饲料、新饲料添加剂的监测期为5年。新饲料、新饲料添加剂处于监测期的，不受理其他就该新饲料、新饲料添加剂的生产申请和进口登记申请，但超过3年不投入生产的除外。

生产企业应当收集处于监测期的新饲料、新饲料添加剂的质量稳定性及其对动物产品质量安全的影响等信息，并向国务院农业行政主管部门报告；国务院农业行政主管部门应当对新饲料、新饲料添加剂的质量安全状况组织跟踪监测，证实其存在安全问题的，应当撤销新饲料、新饲料添加剂证书并予以公告。

第十二条 向中国出口中国境内尚未使用但出口国已经批准生产和使用的饲料、饲料添加剂的，由出口方驻中国境内的办事机构或者其委托的中国境内代理机构向国务院农业行政主管部门申请登记，并提供该饲料、饲料添加剂的样品和下列资料：

（一）商标、标签和推广应用情况；

（二）生产地批准生产、使用的证明和生产地以外其他国家、地区的登记资料；

（三）主要成分、理化性质、研制方法、生产工艺、质量标准、检测方法、检验报告、稳定性试验报告、环境影响报告和污染防治措施；

（四）国务院农业行政主管部门指定的试验机构出具的该饲料、饲料添加剂的饲喂效果、残留消解动态以及毒理学安全性评价报告。

申请饲料添加剂进口登记的，还应当说明该饲料添加剂的添加目的、使用方法，并提供该饲料添加剂残留可能对人体健康造成影响的分析评价报告。

国务院农业行政主管部门应当依照本条例第九条规定的新饲料、新饲料添加剂的评审程序组织评审，并决定是否核发饲料、饲料添加剂进口登记证。

首次向中国出口中国境内已经使用且出口国已经批准生产和使用的饲料、饲料添加剂的，应当依照本条第一款、第二款的规定申请登记。国务院农业行政主管部门应当自受理申请之日起10个工作日内对申请资料进行审查；审查合格的，将样品交由指定的机构进行复核检测；复核检测合格的，国务院农业行政主管部门应当在10个工作日内核发饲料、饲料添加剂进口登记证。

饲料、饲料添加剂进口登记证有效期为5年。进口登记证有效期满需要继续向中国出口饲料、饲料添加剂的，应当在有效期届满6个月前申请续展。

禁止进口未取得饲料、饲料添加剂进口登记证的饲料、饲料添加剂。

第十三条　国家对已经取得新饲料、新饲料添加剂证书或者饲料、饲料添加剂进口登记证的、含有新化合物的饲料、饲料添加剂的申请人提交的其自己所取得且未披露的试验数据和其他数据实施保护。

自核发证书之日起6年内，对其他申请人未经已取得新饲料、新饲料添加剂证书或者饲料、饲料添加剂进口登记证的申请人同意，使用前款规定的数据申请新饲料、新饲料添加剂审定或者饲料、饲料添加剂进口登记的，国务院农业行政主管部门不予审定或者登记；但是，其他申请人提交其自己所取得的数据的除外。

除下列情形外，国务院农业行政主管部门不得披露本条第一款规定的数据：

（一）公共利益需要；

（二）已采取措施确保该类信息不会被不正当地进行商业使用。

第三章　生产、经营和使用

第十四条　设立饲料、饲料添加剂生产企业，应当符合饲料工业发展规划和产业政策，并具备下列条件：

（一）有与生产饲料、饲料添加剂相适应的厂房、设备和仓储设施；

（二）有与生产饲料、饲料添加剂相适应的专职技术人员；

（三）有必要的产品质量检验机构、人员、设施和质量管理制度；

（四）有符合国家规定的安全、卫生要求的生产环境；

（五）有符合国家环境保护要求的污染防治措施；

（六）国务院农业行政主管部门制定的饲料、饲料添加剂质量安全管理规范规定的其他条件。

第十五条　申请从事饲料、饲料添加剂生产的企业，申请人应当向省、自治区、直辖市人民政府饲料管理部门提出申请。省、自治区、直辖市人民政府饲料管理部门应当自受理申请之日起10个工作日内进行书面审查；审查合格的，组织进行现场审核，并根据审核结果在10个工作日内作出是否核发生产许可证的决定。

生产许可证有效期为5年。生产许可证有效期满需要继续生产饲料、饲料添加剂的，应当在有效期届满6个月前申请续展。

第十六条　饲料添加剂、添加剂预混合饲料生产企业取得生产许可证后，由省、自治区、直辖市人民政府饲料管理部门按照国务院农业行政主管部门的规定，核发相应的产品批准文号。

第十七条　饲料、饲料添加剂生产企业应当按照国务院农业行政主管部门的规定和有关标准，对采购的饲料原料、单一饲料、饲料添加剂、药物饲料添加剂、添加剂预混合饲料和用于饲料添加剂生产的原料进行查验或者检验。

饲料生产企业使用限制使用的饲料原料、单一饲料、饲料添加剂、药物饲料添加剂、添加剂预混合饲料生产饲料的，应当遵守国务院农业行政主管部门的限制性规定。禁止使用国务院农业行政主管部门公布的饲料原料目录、饲料添加剂品种目录和药物饲料添加剂品种目录以外的任何物质生产饲料。

饲料、饲料添加剂生产企业应当如实记录采购的饲料原料、单一饲料、饲料添加剂、药物饲料添加剂、添加剂预混合饲料和用于饲料添加剂生产的原料的名称、产地、数量、保质期、许可证明文件编号、质量检验信息、生产企业名称或者供货者名称及其联系方式、进货日期等。记录保存期限不得少于2年。

第十八条 饲料、饲料添加剂生产企业，应当按照产品质量标准以及国务院农业行政主管部门制定的饲料、饲料添加剂质量安全管理规范和饲料添加剂安全使用规范组织生产，对生产过程实施有效控制并实行生产记录和产品留样观察制度。

第十九条 饲料、饲料添加剂生产企业应当对生产的饲料、饲料添加剂进行产品质量检验；检验合格的，应当附具产品质量检验合格证。未经产品质量检验、检验不合格或者未附具产品质量检验合格证的，不得出厂销售。

饲料、饲料添加剂生产企业应当如实记录出厂销售的饲料、饲料添加剂的名称、数量、生产日期、生产批次、质量检验信息、购货者名称及其联系方式、销售日期等。记录保存期限不得少于2年。

第二十条 出厂销售的饲料、饲料添加剂应当包装，包装应当符合国家有关安全、卫生的规定。

饲料生产企业直接销售给养殖者的饲料可以使用罐装车运输。罐装车应当符合国家有关安全、卫生的规定，并随罐装车附具符合本条例第二十一条规定的标签。

易燃或者其他特殊的饲料、饲料添加剂的包装应当有警示标志或者说明，并注明储运注意事项。

第二十一条 饲料、饲料添加剂的包装上应当附具标签。标签应当以中文或者适用符号标明产品名称、原料组成、产品成分分析保证值、净重或者净含量、贮存条件、使用说明、注意事项、生产日期、保质期、生产企业名称以及地址、许可证明文件编号和产品质量标准等。加入药物饲料添加剂的，还应当标明"加入药物饲料添加剂"字样，并标明其通用名称、含量和休药期。乳和乳制品以外的动物源性饲料，还应当标明"本产品不得饲喂反刍动物"字样。

第二十二条 饲料、饲料添加剂经营者应当符合下列条件：

（一）有与经营饲料、饲料添加剂相适应的经营场所和仓储设施；

（二）有具备饲料、饲料添加剂使用、贮存等知识的技术人员；

（三）有必要的产品质量管理和安全管理制度。

第二十三条 饲料、饲料添加剂经营者进货时应当查验产品标签、产品质量检验合格证和相应的许可证明文件。

饲料、饲料添加剂经营者不得对饲料、饲料添加剂进行拆包、分装，不得对饲料、饲料添加剂进行再加工或者添加任何物质。

禁止经营用国务院农业行政主管部门公布的饲料原料目录、饲料添加剂品种目录和药物饲料添加剂品种目录以外的任何物质生产的饲料。

饲料、饲料添加剂经营者应当建立产品购销台账，如实记录购销产品的名称、许可证明文件编号、规格、数量、保质期、生产企业名称或者供货者名称及其联系方式、购销时间等。购销台账保存期限不得少于2年。

第二十四条 向中国出口的饲料、饲料添加剂应当包装,包装应当符合中国有关安全、卫生的规定,并附具符合本条例第二十一条规定的标签。

向中国出口的饲料、饲料添加剂应当符合中国有关检验检疫的要求,由出入境检验检疫机构依法实施检验检疫,并对其包装和标签进行核查。包装和标签不符合要求的,不得入境。

境外企业不得直接在中国销售饲料、饲料添加剂。境外企业在中国销售饲料、饲料添加剂的,应当依法在中国境内设立销售机构或者委托符合条件的中国境内代理机构销售。

第二十五条 养殖者应当按照产品使用说明和注意事项使用饲料。在饲料或者动物饮用水中添加饲料添加剂的,应当符合饲料添加剂使用说明和注意事项的要求,遵守国务院农业行政主管部门制定的饲料添加剂安全使用规范。

养殖者使用自行配制的饲料的,应当遵守国务院农业行政主管部门制定的自行配制饲料使用规范,并不得对外提供自行配制的饲料。

使用限制使用的物质养殖动物的,应当遵守国务院农业行政主管部门的限制性规定。禁止在饲料、动物饮用水中添加国务院农业行政主管部门公布禁用的物质以及对人体具有直接或者潜在危害的其他物质,或者直接使用上述物质养殖动物。禁止在反刍动物饲料中添加乳和乳制品以外的动物源性成分。

第二十六条 国务院农业行政主管部门和县级以上地方人民政府饲料管理部门应当加强饲料、饲料添加剂质量安全知识的宣传,提高养殖者的质量安全意识,指导养殖者安全、合理使用饲料、饲料添加剂。

第二十七条 饲料、饲料添加剂在使用过程中被证实对养殖动物、人体健康或者环境有害的,由国务院农业行政主管部门决定禁用并予以公布。

第二十八条 饲料、饲料添加剂生产企业发现其生产的饲料、饲料添加剂对养殖动物、人体健康有害或者存在其他安全隐患的,应当立即停止生产,通知经营者、使用者,向饲料管理部门报告,主动召回产品,并记录召回和通知情况。召回的产品应当在饲料管理部门监督下予以无害化处理或者销毁。

饲料、饲料添加剂经营者发现其销售的饲料、饲料添加剂具有前款规定情形的,应当立即停止销售,通知生产企业、供货者和使用者,向饲料管理部门报告,并记录通知情况。

养殖者发现其使用的饲料、饲料添加剂具有本条第一款规定情形的,应当立即停止使用,通知供货者,并向饲料管理部门报告。

第二十九条 禁止生产、经营、使用未取得新饲料、新饲料添加剂证书的新饲料、新饲料添加剂以及禁用的饲料、饲料添加剂。

禁止经营、使用无产品标签、无生产许可证、无产品质量标准、无产品质量检验合格证的饲料、饲料添加剂。禁止经营、使用无产品批准文号的饲料添加剂、添加剂预混合饲料。禁止经营、使用未取得饲料、饲料添加剂进口登记证的进口饲料、进口添加剂。

第三十条 禁止对饲料、饲料添加剂作具有预防或者治疗动物疾病作用的说明或者宣传。但是,饲料中添加药物饲料添加剂的,可以对所添加的药物饲料添加剂的作用加以说明。

第三十一条 国务院农业行政主管部门和省、自治区、直辖市人民政府饲料管理部门应当按照职责权限对全国或者本行政区域饲料、饲料添加剂的质量安全状况进行监测,并根据监测情况发布饲料、饲料添加剂质量安全预警信息。

第三十二条　国务院农业行政主管部门和县级以上地方人民政府饲料管理部门,应当根据需要定期或者不定期组织实施饲料、饲料添加剂监督抽查;饲料、饲料添加剂监督抽查检测工作由国务院农业行政主管部门或者省、自治区、直辖市人民政府饲料管理部门指定的具有相应技术条件的机构承担。饲料、饲料添加剂监督抽查不得收费。

国务院农业行政主管部门和省、自治区、直辖市人民政府饲料管理部门应当按照职责权限公布监督抽查结果,并可以公布具有不良记录的饲料、饲料添加剂生产企业、经营者名单。

第三十三条　县级以上地方人民政府饲料管理部门应当建立饲料、饲料添加剂监督管理档案,记录日常监督检查、违法行为查处等情况。

第三十四条　国务院农业行政主管部门和县级以上地方人民政府饲料管理部门在监督检查中可以采取下列措施:

(一)对饲料、饲料添加剂生产、经营、使用场所实施现场检查;

(二)查阅、复制有关合同、票据、账簿和其他相关资料;

(三)查封、扣押有证据证明用于违法生产饲料的饲料原料、单一饲料、饲料添加剂、药物饲料添加剂、添加剂预混合饲料,用于违法生产饲料添加剂的原料,用于违法生产饲料、饲料添加剂的工具、设施,违法生产、经营、使用的饲料、饲料添加剂;

(四)查封违法生产、经营饲料、饲料添加剂的场所。

第四章 法律责任

第三十五条 国务院农业行政主管部门、县级以上地方人民政府饲料管理部门或者其他依照本条例规定行使监督管理权的部门及其工作人员，不履行本条例规定的职责或者滥用职权、玩忽职守、徇私舞弊的，对直接负责的主管人员和其他直接责任人员，依法给予处分；直接负责的主管人员和其他直接责任人员构成犯罪的，依法追究刑事责任。

第三十六条 提供虚假的资料、样品或者采取其他欺骗方式取得许可证明文件的，由发证机关撤销相关许可证明文件，处5万元以上10万元以下罚款，申请人3年内不得就同一事项申请行政许可。以欺骗方式取得许可证明文件给他人造成损失的，依法承担赔偿责任。

第三十七条 假冒、伪造或者买卖许可证明文件的，由国务院农业行政主管部门或者县级以上地方人民政府饲料管理部门按照职责权限收缴或者吊销、撤销相关许可证明文件；构成犯罪的，依法追究刑事责任。

第三十八条 未取得生产许可证生产饲料、饲料添加剂的，由县级以上地方人民政府饲料管理部门责令停止生产，没收违法所得、违法生产的产品和用于违法生产饲料的饲料原料、单一饲料、饲料添加剂、药物饲料添加剂、添加剂预混合饲料以及用于违法生产饲料添加剂的原料，违法生产的产品货值金额不足1万元的，并处1万元以上5万元以下罚款，货值金额1万元以上的，并处货值金额5倍以上10倍以下罚款；情节严重的，没收其生产设备，生产企业的主要负责人和直接负责的主管人员10年内不得从事饲料、饲料添加剂生产、经营活动。

已经取得生产许可证，但不再具备本条例第十四条规定的条件而继续生产饲料、饲料添加剂的，由县级以上地方人民政府饲料管理部门责令停止生产、限期改正，并处1万元以上5万元以下罚款；逾期不改正的，由发证机关吊销生产许可证。

已经取得生产许可证，但未取得产品批准文号而生产饲料添加剂、添加剂预混合饲料的，由县级以上地方人民政府饲料管理部门责令停止生产，没收违法所得、违法生产的产品和用于违法生产饲料的饲料原料、单一饲料、饲料添加剂、药物饲料添加剂以及用于违法生产饲料添加剂的原料，限期补办产品批准文号，并处违法生产的产品货值金额1倍以上3倍以下罚款；情节严重的，由发证机关吊销生产许可证。

第三十九条　饲料、饲料添加剂生产企业有下列行为之一的，由县级以上地方人民政府饲料管理部门责令改正，没收违法所得、违法生产的产品和用于违法生产饲料的饲料原料、单一饲料、饲料添加剂、药物饲料添加剂、添加剂预混合饲料以及用于违法生产饲料添加剂的原料，违法生产的产品货值金额不足1万元的，并处1万元以上5万元以下罚款，货值金额1万元以上的，并处货值金额5倍以上10倍以下罚款；情节严重的，由发证机关吊销、撤销相关许可证明文件，生产企业的主要负责人和直接负责的主管人员10年内不得从事饲料、饲料添加剂生产、经营活动；构成犯罪的，依法追究刑事责任：

（一）使用限制使用的饲料原料、单一饲料、饲料添加剂、药物饲料添加剂、添加剂预混合饲料生产饲料，不遵守国务院农业行政主管部门的限制性规定的；

（二）使用国务院农业行政主管部门公布的饲料原料目录、饲料添加剂品种目录和药物饲料添加剂品种目录以外的物质生产饲料的；

（三）生产未取得新饲料、新饲料添加剂证书的新饲料、新饲料添加剂或者禁用的饲料、饲料添加剂的。

第四十条 饲料、饲料添加剂生产企业有下列行为之一的，由县级以上地方人民政府饲料管理部门责令改正，处1万元以上2万元以下罚款；拒不改正的，没收违法所得、违法生产的产品和用于违法生产饲料的饲料原料、单一饲料、饲料添加剂、药物饲料添加剂、添加剂预混合饲料以及用于违法生产饲料添加剂的原料，并处5万元以上10万元以下罚款；情节严重的，责令停止生产，可以由发证机关吊销、撤销相关许可证明文件：

（一）不按照国务院农业行政主管部门的规定和有关标准对采购的饲料原料、单一饲料、饲料添加剂、药物饲料添加剂、添加剂预混合饲料和用于饲料添加剂生产的原料进行查验或者检验的；

（二）饲料、饲料添加剂生产过程中不遵守国务院农业行政主管部门制定的饲料、饲料添加剂质量安全管理规范和饲料添加剂安全使用规范的；

（三）生产的饲料、饲料添加剂未经产品质量检验的。

第四十一条 饲料、饲料添加剂生产企业不依照本条例规定实行采购、生产、销售记录制度或者产品留样观察制度的，由县级以上地方人民政府饲料管理部门责令改正，处1万元以上2万元以下罚款；拒不改正的，没收违法所得、违法生产的产品和用于违法生产饲料的饲料原料、单一饲料、饲料添加剂、药物饲料添加剂、添加剂预混合饲料以及用于违法生产饲料添加剂的原料，处2万元以上5万元以下罚款，并可以由发证机关吊销、撤销相关许可证明文件。

饲料、饲料添加剂生产企业销售的饲料、饲料添加剂未附具产品质量检验合格证或者包装、标签不符合规定的，由县级以上地方人民政府饲料管理部门责令改正；情节严重的，没收违法所得和违法销售的产品，可以处违法销售的产品货值金额30%以下罚款。

第四十二条　不符合本条例第二十二条规定的条件经营饲料、饲料添加剂的，由县级人民政府饲料管理部门责令限期改正；逾期不改正的，没收违法所得和违法经营的产品，违法经营的产品货值金额不足1万元的，并处2000元以上2万元以下罚款，货值金额1万元以上的，并处货值金额2倍以上5倍以下罚款；情节严重的，责令停止经营，并通知工商行政管理部门，由工商行政管理部门吊销营业执照。

第四十三条　饲料、饲料添加剂经营者有下列行为之一的，由县级人民政府饲料管理部门责令改正，没收违法所得和违法经营的产品，违法经营的产品货值金额不足1万元的，并处2000元以上2万元以下罚款，货值金额1万元以上的，并处货值金额2倍以上5倍以下罚款；情节严重的，责令停止经营，并通知工商行政管理部门，由工商行政管理部门吊销营业执照；构成犯罪的，依法追究刑事责任：

（一）对饲料、饲料添加剂进行再加工或者添加物质的；

（二）经营无产品标签、无生产许可证、无产品质量检验合格证的饲料、饲料添加剂的；

（三）经营无产品批准文号的饲料添加剂、添加剂预混合饲料的；

（四）经营用国务院农业行政主管部门公布的饲料原料目录、饲料添加剂品种目录和药物饲料添加剂品种目录以外的物质生产的饲料的；

（五）经营未取得新饲料、新饲料添加剂证书的新饲料、新饲料添加剂或者未取得饲料、饲料添加剂进口登记证的进口饲料、进口饲料添加剂以及禁用的饲料、饲料添加剂的。

第四十四条　饲料、饲料添加剂经营者有下列行为之一的，由县级人民政府饲料管理部门责令改正，没收违法所得和违法经营的产品，并处2000元以上1万元以下罚款：

（一）对饲料、饲料添加剂进行拆包、分装的；

（二）不依照本条例规定实行产品购销台账制度的；

（三）经营的饲料、饲料添加剂失效、霉变或者超过保质期的。

第四十五条　对本条例第二十八条规定的饲料、饲料添加剂，生产企业不主动召回的，由县级以上地方人民政府饲料管理部门责令召回，并监督生产企业对召回的产品予以无害化处理或者销毁；情节严重的，没收违法所得，并处应召回的产品货值金额1倍以上3倍以下罚款，可以由发证机关吊销、撤销相关许可证明文件；生产企业对召回的产品不予以无害化处理或者销毁的，由县级人民政府饲料管理部门代为销毁，所需费用由生产企业承担。

对本条例第二十八条规定的饲料、饲料添加剂，经营者不停止销售的，由县级以上地方人民政府饲料管理部门责令停止销售；拒不停止销售的，没收违法所得，处1000元以上5万元以下罚款；情节严重的，责令停止经营，并通知工商行政管理部门，由工商行政管理部门吊销营业执照。

第四十六条　饲料、饲料添加剂生产企业、经营者有下列行为之一的，由县级以上地方人民政府饲料管理部门责令停止生产、经营，没收违法所得和违法生产、经营的产品，违法生产、经营的产品货值金额不足 1 万元的，并处 2000 元以上 2 万元以下罚款，货值金额 1 万元以上的，并处货值金额 2 倍以上 5 倍以下罚款；构成犯罪的，依法追究刑事责任：

（一）在生产、经营过程中，以非饲料、非饲料添加剂冒充饲料、饲料添加剂或者以此种饲料、饲料添加剂冒充他种饲料、饲料添加剂的；

（二）生产、经营无产品质量标准或者不符合产品质量标准的饲料、饲料添加剂的；

（三）生产、经营的饲料、饲料添加剂与标签标示的内容不一致的。

饲料、饲料添加剂生产企业有前款规定的行为，情节严重的，由发证机关吊销、撤销相关许可证明文件；饲料、饲料添加剂经营者有前款规定的行为，情节严重的，通知工商行政管理部门，由工商行政管理部门吊销营业执照。

第四十七条 养殖者有下列行为之一的，由县级人民政府饲料管理部门没收违法使用的产品和非法添加物质，对单位处 1 万元以上 5 万元以下罚款，对个人处 5000 元以下罚款；构成犯罪的，依法追究刑事责任：

（一）使用未取得新饲料、新饲料添加剂证书的新饲料、新饲料添加剂或者未取得饲料、饲料添加剂进口登记证的进口饲料、进口饲料添加剂的；

（二）使用无产品标签、无生产许可证、无产品质量标准、无产品质量检验合格证的饲料、饲料添加剂的；

（三）使用无产品批准文号的饲料添加剂、添加剂预混合饲料的；

（四）在饲料或者动物饮用水中添加饲料添加剂，不遵守国务院农业行政主管部门制定的饲料添加剂安全使用规范的；

（五）使用自行配制的饲料，不遵守国务院农业行政主管部门制定的自行配制饲料使用规范的；

（六）使用限制使用的物质养殖动物，不遵守国务院农业行政主管部门的限制性规定的；

（七）在反刍动物饲料中添加乳和乳制品以外的动物源性成分的。

在饲料或者动物饮用水中添加国务院农业行政主管部门公布禁用的物质以及对人体具有直接或者潜在危害的其他物质，或者直接使用上述物质养殖动物的，由县级以上地方人民政府饲料管理部门责令其对饲喂了违禁物质的动物进行无害化处理，处3万元以上10万元以下罚款；构成犯罪的，依法追究刑事责任。

第四十八条　养殖者对外提供自行配制的饲料的，由县级人民政府饲料管理部门责令改正，处2000元以上2万元以下罚款。

第五章　附　　则

第四十九条　本条例下列用语的含义：

（一）饲料原料，是指来源于动物、植物、微生物或者矿物质，用于加工制作饲料但不属于饲料添加剂的饲用物质。

（二）单一饲料，是指来源于一种动物、植物、微生物或者矿物质，用于饲料产品生产的饲料。

（三）添加剂预混合饲料，是指由两种（类）或者两种（类）以上营养性饲料添加剂为主，与载体或者稀释剂按照一定比例配制的饲料，包括复合预混合饲料、微量元素预混合饲料、维生素预混合饲料。

（四）浓缩饲料，是指主要由蛋白质、矿物质和饲料添加剂按照一定比例配制的饲料。

（五）配合饲料，是指根据养殖动物营养需要，将多种饲料原料和饲料添加剂按照一定比例配制的饲料。

（六）精料补充料，是指为补充草食动物的营养，将多种饲料原料和饲料添加剂按照一定比例配制的饲料。

（七）营养性饲料添加剂，是指为补充饲料营养成分而掺入饲料中的少量或者微量物质，包括饲料级氨基酸、维生素、矿物质微量元素、酶制剂、非蛋白氮等。

（八）一般饲料添加剂，是指为保证或者改善饲料品质、提高饲料利用率而掺入饲料中的少量或者微量物质。

（九）药物饲料添加剂，是指为预防、治疗动物疾病而掺入载体或者稀释剂的兽药的预混合物质。

（十）许可证明文件，是指新饲料、新饲料添加剂证书，饲料、饲料添加剂进口登记证，饲料、饲料添加剂生产许可证，饲料添加剂、添加剂预混合饲料产品批准文号。

第五十条　药物饲料添加剂的管理，依照《兽药管理条例》的规定执行。

第五十一条　本条例自 2012 年 5 月 1 日起施行。

附 录

新饲料和新饲料添加剂管理办法

中华人民共和国农业部令
2012 年第 4 号

《新饲料和新饲料添加剂管理办法》已经 2012 年农业部第 6 次常务会议审议通过,现予公布,自 2012 年 7 月 1 日起施行。

农业部部长
二〇一二年五月二日

第一条 为加强新饲料、新饲料添加剂管理,保障养殖动物产品质量安全,根据《饲料和饲料添加剂管理条例》,制定本办法。

第二条 本办法所称新饲料,是指我国境内新研制开发的尚未批准使用的单一饲料。

本办法所称新饲料添加剂,是指我国境内新研制开发的尚未批准使用的饲料添加剂。

第三条 有下列情形之一的,应当向农业部提出申请,参照本办法规定的新饲料、新饲料添加剂审定程序进行评审，评审通过的，由农业部公告作为饲料、饲料添加剂生产和使用，但不发给新饲料、新饲料添加剂证书：

（一）饲料添加剂扩大适用范围的；

（二）饲料添加剂含量规格低于饲料添加剂安全使用规范要求的，但由饲料添加剂与载体或者稀释剂按照一定比例配制的除外；

（三）饲料添加剂生产工艺发生重大变化的；

（四）新饲料、新饲料添加剂自获证之日起超过3年未投入生产，其他企业申请生产的；

（五）农业部规定的其他情形。

第四条 研制新饲料、新饲料添加剂，应当遵循科学、安全、有效、环保的原则，保证新饲料、新饲料添加剂的质量安全。

第五条 农业部负责新饲料、新饲料添加剂审定。

全国饲料评审委员会（以下简称评审委）组织对新饲料、新饲料添加剂的安全性、有效性及其对环境的影响进行评审。

第六条 新饲料、新饲料添加剂投入生产前，研制者或者生产企业（以下简称申请人）应当向农业部提出审定申请，并提交新饲料、新饲料添加剂的申请资料和样品。

第七条 申请资料包括：

（一）新饲料、新饲料添加剂审定申请表；

（二）产品名称及命名依据、产品研制目的；

（三）有效组分、化学结构的鉴定报告及理化性质，或者动物、植物、微生物的分类鉴定报告；微生物产品或发酵制品，还应当提供农业部指定的国家级菌种保藏机构出具的菌株保藏编号；

（四）适用范围、使用方法、在配合饲料或全混合日粮中的推荐用量，必要时提供最高限量值；

（五）生产工艺、制造方法及产品稳定性试验报告；

（六）质量标准草案及其编制说明和产品检测报告；有最高限量要求的，还应提供有效组分在配合饲料、浓缩饲料、精料补充料、添加剂预混合饲料中的检测方法；

（七）农业部指定的试验机构出具的产品有效性评价试验报告、安全性评价试验报告（包括靶动物耐受性评价报告、毒理学安全评价报告、代谢和残留评价报告等）；申请新饲料添加剂审定的，还应当提供该新饲料添加剂在养殖产品中的残留可能对人体健康造成影响的分析评价报告；

（八）标签式样、包装要求、贮存条件、保质期和注意事项；

（九）中试生产总结和"三废"处理报告；

（十）对他人的专利不构成侵权的声明。

第八条　产品样品应当符合以下要求：

（一）来自中试或工业化生产线；

（二）每个产品提供连续3个批次的样品，每个批次4份样品，每份样品不少于检测需要量的5倍；

（三）必要时提供相关的标准品或化学对照品。

第九条　有效性评价试验机构和安全性评价试验机构应当按照农业部制定的技术指导文件或行业公认的技术标准，科学、客观、公正开展试验，不得与研制者、生产企业存在利害关系。

承担试验的专家不得参与该新饲料、新饲料添加剂的评审工作。

第十条　农业部自受理申请之日起5个工作日内，将申请资料和样品交评审委进行评审。

第十一条　新饲料、新饲料添加剂的评审采取评审会议的形式。评审会议应当有9名以上评审委专家参加，根据需要也可以邀请 1 至 2 名评审委专家以外的专家参加。参加评审的专家对评审事项具有表决权。

评审会议应当形成评审意见和会议纪要，并由参加评审的专家审核签字；有不同意见的，应当注明。

第十二条 参加评审的专家应当依法履行职责，科学、客观、公正提出评审意见。

评审专家与研制者、生产企业有利害关系的，应当回避。

第十三条 评审会议原则通过的，由评审委将样品交农业部指定的饲料质量检验机构进行质量复核。质量复核机构应当自收到样品之日起 3 个月内完成质量复核，并将质量复核报告和复核意见报评审委，同时送达申请人。需用特殊方法检测的，质量复核时间可以延长 1 个月。

质量复核包括标准复核和样品检测，有最高限量要求的，还应当对申报产品有效组分在饲料产品中的检测方法进行验证。

申请人对质量复核结果有异议的，可以在收到质量复核报告后 15 个工作日内申请复检。

第十四条 评审过程中，农业部可以组织对申请人的试验或生产条件进行现场核查，或者对试验数据进行核查或验证。

第十五条 评审委应当自收到新饲料、新饲料添加剂申请资料和样品之日起 9 个月内向农业部提交评审结果；但是，评审委决定由申请人进行相关试验的，经农业部同意，评审时间可以延长 3 个月。

第十六条 农业部自收到评审结果之日起 10 个工作日内作出是否核发新饲料、新饲料添加剂证书的决定。

决定核发新饲料、新饲料添加剂证书的，由农业部予以公告，同时发布该产品的质量标准。新饲料、新饲料添加剂投入生产后，按照公告中的质量标准进行监测和监督抽查。

决定不予核发的，书面通知申请人并说明理由。

第十七条 新饲料、新饲料添加剂在生产前，生产者应当按照农业部有关规定取得生产许可证。生产新饲料添加剂的，还应当取得相应的产品批准文号。

第十八条 新饲料、新饲料添加剂的监测期为5年，自新饲料、新饲料添加剂证书核发之日起计算。

监测期内不受理其他就该新饲料、新饲料添加剂提出的生产申请和进口登记申请，但该新饲料、新饲料添加剂超过3年未投入生产的除外。

第十九条 新饲料、新饲料添加剂生产企业应当收集处于监测期内的产品质量、靶动物安全和养殖动物产品质量安全等相关信息，并向农业部报告。

农业部对新饲料、新饲料添加剂的质量安全状况组织跟踪监测，必要时进行再评价，证实其存在安全问题的，撤销新饲料、新饲料添加剂证书并予以公告。

第二十条 从事新饲料、新饲料添加剂审定工作的相关单位和人员，应当对申请人提交的需要保密的技术资料保密。

第二十一条 从事新饲料、新饲料添加剂审定工作的相关人员，不履行本办法规定的职责或者滥用职权、玩忽职守、徇私舞弊的，依法给予处分；构成犯罪的，依法追究刑事责任。

第二十二条 申请人隐瞒有关情况或者提供虚假材料申请新饲料、新饲料添加剂审定的，农业部不予受理或者不予许可，并给予警告；申请人在1年内不得再次申请新饲料、新饲料添加剂审定。

以欺骗、贿赂等不正当手段取得新饲料、新饲料添加剂证书的，由农业部撤销新饲料、新饲料添加剂证书，申请人在3年内不得再次申请新饲料、新饲料添加剂审定；以欺骗方式取得新饲料、新饲料添加剂证书的，并处5万元以上10万元以下罚款；构成犯罪的，依法移送司法机关追究刑事责任。

第二十三条　其他违反本办法规定的，依照《饲料和饲料添加剂管理条例》的有关规定进行处罚。

第二十四条　本办法自2012年7月1日起施行。农业部2000年8月17日发布的《新饲料和新饲料添加剂管理办法》同时废止。

饲料质量安全管理规范

中华人民共和国农业部令

2014 年第 1 号

《饲料质量安全管理规范》业经 2013 年 12 月 27 日农业部第 11 次常务会议审议通过,现予公布,自 2015 年 7 月 1 日起施行。

农业部部长

2014 年 1 月 13 日

第一章 总 则

第一条 为规范饲料企业生产行为,保障饲料产品质量安全,根据《饲料和饲料添加剂管理条例》,制定本规范。

第二条 本规范适用于添加剂预混合饲料、浓缩饲料、配合饲料和精料补充料生产企业(以下简称企业)。

第三条 企业应当按照本规范的要求组织生产,实现从原料采购到产品销售的全程质量安全控制。

第四条 企业应当及时收集、整理、记录本规范执行情况和生产经营状况,认真履行年度备案和饲料统计义务。

有委托生产行为的,委托方和受托方应当分别向所在地省级人民政府饲料管理部门备案。

第五条 县级以上人民政府饲料管理部门应当制定年度监督检查计划,对企业实施本规范的情况进行监督检查。

第二章 原料采购与管理

第六条 企业应当加强对饲料原料、单一饲料、饲料添加剂、药物饲料添加剂、添加剂预混合饲料和浓缩饲料（以下简称原料）的采购管理，全面评估原料生产企业和经销商（以下简称供应商）的资质和产品质量保障能力，建立供应商评价和再评价制度，编制合格供应商名录，填写并保存供应商评价记录：

（一）供应商评价和再评价制度应当规定供应商评价及再评价流程、评价内容、评价标准、评价记录等内容；

（二）从原料生产企业采购的，供应商评价记录应当包括生产企业名称及生产地址、联系方式、许可证明文件编号（评价单一饲料、饲料添加剂、药物饲料添加剂、添加剂预混合饲料、浓缩饲料生产企业时填写）、原料通用名称及商品名称、评价内容、评价结论、评价日期、评价人等信息；

（三）从原料经销商采购的，供应商评价记录应当包括经销商名称及注册地址、联系方式、营业执照注册号、原料通用名称及商品名称、评价内容、评价结论、评价日期、评价人等信息；

（四）合格供应商名录应当包括供应商的名称、原料通用名称及商品名称、许可证明文件编号（供应商为单一饲料、饲料添加剂、药物饲料添加剂、添加剂预混合饲料、浓缩饲料生产企业时填写）、评价日期等信息。

企业统一采购原料供分支机构使用的，分支机构应当复制、保存前款规定的合格供应商名录和供应商评价记录。

第七条 企业应当建立原料采购验收制度和原料验收标准，逐批对采购的原料进行查验或者检验：

（一）原料采购验收制度应当规定采购验收流程、查验要求、检验要求、原料验收标准、不合格原料处置、查验记录等内容。

（二）原料验收标准应当规定原料的通用名称、主成分指标验收值、卫生指标验收值等内容，卫生指标验收值应当符合有关法律法规和国家、行业标准的规定。

（三）企业采购实施行政许可的国产单一饲料、饲料添加剂、药物饲料添加剂、添加剂预混合饲料、浓缩饲料的，应当逐批查验许可证明文件编号和产品质量检验合格证，填写并保存查验记录；查验记录应当包括原料通用名称、生产企业、生产日期、查验内容、查验结果、查验人等信息；无许可证明文件编号和产品质量检验合格证的，或者经查验许可证明文件编号不实的，不得接收、使用。

（四）企业采购实施登记或者注册管理的进口单一饲料、饲料添加剂、药物饲料添加剂、添加剂预混合饲料、浓缩饲料的，应当逐批查验进口许可证明文件编号，填写并保存查验记录；查验记录应当包括原料通用名称、生产企业、生产日期、查验内容、查验结果、查验人等信息；无进口许可证明文件编号的，或者经查验进口许可证明文件编号不实的，不得接收、使用。

（五）企业采购不需行政许可的原料的，应当依据原料验收标准逐批查验供应商提供的该批原料的质量检验报告；无质量检验报告的，企业应当逐批对原料的主成分指标进行自行检验或者委托检验；不符合原料验收标准的，不得接收、使用；原料质量检验报告、自行检验结果、委托检验报告应当归档保存。

（六）企业应当每3个月至少选择5种原料，自行或者委托有资质的机构对其主要卫生指标进行检测，根据检测结果进行原料安全性评价，保存检测结果和评价报告；委托检测的，应当索取并保存受委托检测机构的计量认证或者实验室认可证书及附表复印件。

第八条　企业应当填写并保存原料进货台账,进货台账应当包括原料通用名称及商品名称、生产企业或者供货者名称、联系方式、产地、数量、生产日期、保质期、查验或者检验信息、进货日期、经办人等信息。

进货台账保存期限不得少于2年。

第九条　企业应当建立原料仓储管理制度,填写并保存出入库记录:

(一)原料仓储管理制度应当规定库位规划、堆放方式、垛位标识、库房盘点、环境要求、虫鼠防范、库房安全、出入库记录等内容;

(二)出入库记录应当包括原料名称、包装规格、生产日期、供应商简称或者代码、入库数量和日期、出库数量和日期、库存数量、保管人等信息。

第十条　企业应当按照"一垛一卡"的原则对原料实施垛位标识卡管理,垛位标识卡应当标明原料名称、供应商简称或者代码、垛位总量、已用数量、检验状态等信息。

第十一条　企业应当对维生素、微生物和酶制剂等热敏物质的贮存温度进行监控,填写并保存温度监控记录。监控记录应当包括设定温度、实际温度、监控时间、记录人等信息。

监控中发现实际温度超出设定温度范围的,应当采取有效措施及时处置。

第十二条　按危险化学品管理的亚硒酸钠等饲料添加剂的贮存间或者贮存柜应当设立清晰的警示标识,采用双人双锁管理。

第十三条　企业应当根据原料种类、库存时间、保质期、气候变化等因素建立长期库存原料质量监控制度，填写并保存监控记录：

（一）质量监控制度应当规定监控方式、监控内容、监控频次、异常情况界定、处置方式、处置权限、监控记录等内容；

（二）监控记录应当包括原料名称、监控内容、异常情况描述、处置方式、处置结果、监控日期、监控人等信息。

第三章 生产过程控制

第十四条 企业应当制定工艺设计文件，设定生产工艺参数。

工艺设计文件应当包括生产工艺流程图、工艺说明和生产设备清单等内容。

生产工艺应当至少设定以下参数：粉碎工艺设定筛片孔径，混合工艺设定混合时间，制粒工艺设定调质温度、蒸汽压力、环模规格、环模长径比、分级筛筛网孔径，膨化工艺设定调质温度、模板孔径。

第十五条 企业应当根据实际工艺流程，制定以下主要作业岗位操作规程：

（一）小料（指生产过程中，将微量添加的原料预先进行配料或者配料混合后获得的中间产品）配料岗位操作规程，规定小料原料的领取与核实、小料原料的放置与标识、称重电子秤校准与核查、现场清洁卫生、小料原料领取记录、小料配料记录等内容；

（二）小料预混合岗位操作规程，规定载体或者稀释剂领取、投料顺序、预混合时间、预混合产品分装与标识、现场清洁卫生、小料预混合记录等内容；

（三）小料投料与复核岗位操作规程，规定小料投放指令、小料复核、现场清洁卫生、小料投料与复核记录等内容；

（四）大料投料岗位操作规程，规定投料指令、垛位取料、感官检查、现场清洁卫生、大料投料记录等内容；

（五）粉碎岗位操作规程，规定筛片锤片检查与更换、粉碎粒度、粉碎料入仓检查、喂料器和磁选设备清理、粉碎作业记录等内容；

（六）中控岗位操作规程，规定设备开启与关闭原则、微机配料软件启动与配方核对、混合时间设置、配料误差核查、进仓原料核实、中控作业记录等内容；

（七）制粒岗位操作规程，规定设备开启与关闭原则、环模与分级筛网更换、破碎机轧距调节、制粒机润滑、调质参数监视、设备（制粒室、调质器、冷却器）清理、感官检查、现场清洁卫生、制粒作业记录等内容；

（八）膨化岗位操作规程，规定设备开启与关闭原则、调质参数监视、设备（膨化室、调质器、冷却器、干燥器）清理、感官检查、现场清洁卫生、膨化作业记录等内容；

（九）包装岗位操作规程，规定标签与包装袋领取、标签与包装袋核对、感官检查、包重校验、现场清洁卫生、包装作业记录等内容；

（十）生产线清洗操作规程，规定清洗原则、清洗实施与效果评价、清洗料的放置与标识、清洗料使用、生产线清洗记录等内容。

第十六条　企业应当根据实际工艺流程，制定生产记录表单，填写并保存相关记录：

（一）小料原料领取记录，包括小料原料名称、领用数量、领取时间、领取人等信息；

（二）小料配料记录，包括小料名称、理论值、实际称重值、配料数量、作业时间、配料人等信息；

（三）小料预混合记录，包括小料名称、重量、批次、混合时间、作业时间、操作人等信息；

（四）小料投料与复核记录，包括产品名称、接收批数、投料批数、重量复核、剩余批数、作业时间、投料人等信息；

（五）大料投料记录，包括大料名称、投料数量、感官检查、作业时间、投料人等信息；

（六）粉碎作业记录，包括物料名称、粉碎机号、筛片规格、作业时间、操作人等信息；

（七）大料配料记录，包括配方编号、大料名称、配料仓号、理论值、实际值、作业时间、配料人等信息；

（八）中控作业记录，包括产品名称、配方编号、清洗料、理论产量、成品仓号、洗仓情况、作业时间、操作人等信息；

（九）制粒作业记录，包括产品名称、制粒机号、制粒仓号、调质温度、蒸汽压力、环模孔径、环模长径比、分级筛筛网孔径、感官检查、作业时间、操作人等信息；

（十）膨化作业记录，包括产品名称、调质温度、模板孔径、膨化温度、感官检查、作业时间、操作人等信息；

（十一）包装作业记录，包括产品名称、实际产量、包装规格、包数、感官检查、头尾包数量、作业时间、操作人等信息；

（十二）标签领用记录，包括产品名称、领用数量、班次用量、损毁数量、剩余数量、领取时间、领用人等信息；

（十三）生产线清洗记录，包括班次、清洗料名称、清洗料重量、清洗过程描述、作业时间、清洗人等信息；

（十四）清洗料使用记录，包括清洗料名称、生产班次、清洗料使用情况描述、使用时间、操作人等信息。

第十七条 企业应当采取有效措施防止生产过程中的交叉污染：

（一）按照"无药物的在先、有药物的在后"原则制定生产计划。

（二）生产含有药物饲料添加剂的产品后，生产不含药物饲料添加剂或者改变所用药物饲料添加剂品种的产品的，应当对生产线进行清洗；清洗料回用的，应当明确标识并回置于同品种产品中。

（三）盛放饲料添加剂、药物饲料添加剂、添加剂预混合饲料、含有药物饲料添加剂的产品及其中间产品的器具或者包装物应当明确标识，不得交叉混用。

（四）设备应当定期清理，及时清除残存料、粉尘积垢等残留物。

第十八条 企业应当采取有效措施防止外来污染：

（一）生产车间应当配备防鼠、防鸟等设施，地面平整，无污垢积存；

（二）生产现场的原料、中间产品、返工料、清洗料、不合格品等应当分类存放，清晰标识；

（三）保持生产现场清洁，及时清理杂物；

（四）按照产品说明书规范使用润滑油、清洗剂；

（五）不得使用易碎、易断裂、易生锈的器具作为称量或者盛放用具；

（六）不得在饲料生产过程中进行维修、焊接、气割等作业。

第十九条 企业应当建立配方管理制度，规定配方的设计、审核、批准、更改、传递、使用等内容。

第二十条 企业应当建立产品标签管理制度,规定标签的设计、审核、保管、使用、销毁等内容。

产品标签应当专库(柜)存放,专人管理。

第二十一条 企业应当对生产配方中添加比例小于0.2%的原料进行预混合。

第二十二条 企业应当根据产品混合均匀度要求,确定产品的最佳混合时间,填写并保存最佳混合时间实验记录。实验记录应当包括混合机编号、混合物料名称、混合次数、混合时间、检验结果、最佳混合时间、检验日期、检验人等信息。

企业应当每6个月按照产品类别(添加剂预混合饲料、配合饲料、浓缩饲料、精料补充料)进行至少1次混合均匀度验证,填写并保存混合均匀度验证记录。验证记录应当包括产品名称、混合机编号、混合时间、检验方法、检验结果、验证结论、检验日期、检验人等信息。

混合机发生故障经修复投入生产前,应当按照前款规定进行混合均匀度验证。

第二十三条 企业应当建立生产设备管理制度和档案,制定粉碎机、混合机、制粒机、膨化机、空气压缩机等关键设备操作规程,填写并保存维护保养记录和维修记录:

(一)生产设备管理制度应当规定采购与验收、档案管理、使用操作、维护保养、备品备件管理、维护保养记录、维修记录等内容;

(二)设备操作规程应当规定开机前准备、启动与关闭、操作步骤、关机后整理、日常维护保养等内容;

(三)维护保养记录应当包括设备名称、设备编号、保养项目、保养日期、保养人等信息;

（四）维修记录应当包括设备名称、设备编号、维修部位、故障描述、维修方式及效果、维修日期、维修人等信息；

（五）关键设备应当实行"一机一档"管理，档案包括基本信息表（名称、编号、规格型号、制造厂家、联系方式、安装日期、投入使用日期）、使用说明书、操作规程、维护保养记录、维修记录等内容。

第二十四条 企业应当严格执行国家安全生产相关法律法规。

生产设备、辅助系统应当处于正常工作状态；锅炉、压力容器等特种设备应当通过安全检查；计量秤、地磅、压力表等测量设备应当定期检定或者校验。

第四章 产品质量控制

第二十五条 企业应当建立现场质量巡查制度，填写并保存现场质量巡查记录：

（一）现场质量巡查制度应当规定巡查位点、巡查内容、巡查频次、异常情况界定、处置方式、处置权限、巡查记录等内容；

（二）现场质量巡查记录应当包括巡查位点、巡查内容、异常情况描述、处置方式、处置结果、巡查时间、巡查人等信息。

第二十六条 企业应当建立检验管理制度，规定人员资质与职责、样品抽取与检验、检验结果判定、检验报告编制与审核、产品质量检验合格证签发等内容。

第二十七条 企业应当根据产品质量标准实施出厂检验，填写并保存产品出厂检验记录；检验记录应当包括产品名称或者编号、检验项目、检验方法、计算公式中符号的含义和数值、检验结果、检验日期、检验人等信息。

产品出厂检验记录保存期限不得少于 2 年。

第二十八条 企业应当每周从其生产的产品中至少抽取5个批次的产品自行检验下列主成分指标：

（一）维生素预混合饲料：两种以上维生素；

（二）微量元素预混合饲料：两种以上微量元素；

（三）复合预混合饲料：两种以上维生素和两种以上微量元素；

（四）浓缩饲料、配合饲料、精料补充料：粗蛋白质、粗灰分、钙、总磷。

主成分指标检验记录保存期限不得少于2年。

第二十九条 企业应当根据仪器设备配置情况，建立分析天平、高温炉、干燥箱、酸度计、分光光度计、高效液相色谱仪、原子吸收分光光度计等主要仪器设备操作规程和档案，填写并保存仪器设备使用记录：

（一）仪器设备操作规程应当规定开机前准备、开机顺序、操作步骤、关机顺序、关机后整理、日常维护、使用记录等内容；

（二）仪器设备使用记录应当包括仪器设备名称、型号或者编号、使用日期、样品名称或者编号、检验项目、开始时间、完毕时间、仪器设备运行前后状态、使用人等信息；

（三）仪器设备应当实行"一机一档"管理，档案包括仪器基本信息表（名称、编号、型号、制造厂家、联系方式、安装日期、投入使用日期）、使用说明书、购置合同、操作规程、使用记录等内容。

第三十条 企业应当建立化学试剂和危险化学品管理制度，规定采购、贮存要求、出入库、使用、处理等内容。

化学试剂、危险化学品以及试验溶液的使用，应当遵循GB/

T601、GB/T602、GB/T603 以及检验方法标准的要求。

企业应当填写并保存危险化学品出入库记录，记录应当包括危险化学品名称、入库数量和日期、出库数量和日期、保管人等信息。

第三十一条 企业应当每年选择 5 个检验项目，采取以下一项或者多项措施进行检验能力验证，对验证结果进行评价并编制评价报告：

（一）同具有法定资质的检验机构进行检验比对；

（二）利用购买的标准物质或者高纯度化学试剂进行检验验证；

（三）在实验室内部进行不同人员、不同仪器的检验比对；

（四）对曾经检验过的留存样品进行再检验；

（五）利用检验质量控制图等数理统计手段识别异常数据。

第三十二条 企业应当建立产品留样观察制度，对每批次产品实施留样观察，填写并保存留样观察记录：

（一）留样观察制度应当规定留样数量、留样标识、贮存环境、观察内容、观察频次、异常情况界定、处置方式、处置权限、到期样品处理、留样观察记录等内容；

（二）留样观察记录应当包括产品名称或者编号、生产日期或者批号、保质截止日期、观察内容、异常情况描述、处置方式、处置结果、观察日期、观察人等信息。

留样保存时间应当超过产品保质期 1 个月。

第三十三条 企业应当建立不合格品管理制度，填写并保存不合格品处置记录：

（一）不合格品管理制度应当规定不合格品的界定、标识、贮存、处置方式、处置权限、处置记录等内容；

（二）不合格品处置记录应当包括不合格品的名称、数量、不合格原因、处置方式、处置结果、处置日期、处置人等信息。

第五章　产品贮存与运输

第三十四条　企业应当建立产品仓储管理制度，填写并保存出入库记录：

（一）仓储管理制度应当规定库位规划、堆放方式、垛位标识、库房盘点、环境要求、虫鼠防范、库房安全、出入库记录等内容；

（二）出入库记录应当包括产品名称、规格或者等级、生产日期、入库数量和日期、出库数量和日期、库存数量、保管人等信息；

（三）不同产品的垛位之间应当保持适当距离；

（四）不合格产品和过期产品应当隔离存放并有清晰标识。

第三十五条　企业应当在产品装车前对运输车辆的安全、卫生状况实施检查。

第三十六条　企业使用罐装车运输产品的，应当专车专用，并随车附具产品标签和产品质量检验合格证。

装运不同产品时，应当对罐体进行清理。

第三十七条　企业应当填写并保存产品销售台账。销售台账应当包括产品的名称、数量、生产日期、生产批次、质量检验信息、购货者名称及其联系方式、销售日期等信息。

销售台账保存期限不得少于2年。

第六章　产品投诉与召回

第三十八条　企业应当建立客户投诉处理制度，填写并保存客户投诉处理记录：

（一）投诉处理制度应当规定投诉受理、处理方法、处理权限、投诉处理记录等内容；

（二）投诉处理记录应当包括投诉日期、投诉人姓名和地址、产品名称、生产日期、投诉内容、处理结果、处理日期、处理人等信息。

第三十九条　企业应当建立产品召回制度，填写并保存召回记录：

（一）召回制度应当规定召回流程、召回产品的标识和贮存、召回记录等内容；

（二）召回记录应当包括产品名称、召回产品使用者、召回数量、召回日期等信息。

企业应当每年至少进行 1 次产品召回模拟演练，综合评估演练结果并编制模拟演练总结报告。

第四十条　企业应当在饲料管理部门的监督下对召回产品进行无害化处理或者销毁，填写并保存召回产品处置记录。处置记录应当包括处置产品名称、数量、处置方式、处置日期、处置人、监督人等信息。

第七章　培训、卫生和记录管理

第四十一条　企业应当建立人员培训制度，制定年度培训计划，每年对员工进行至少 2 次饲料质量安全知识培训，填写并保存培训记录：

（一）人员培训制度应当规定培训范围、培训内容、培训方式、考核方式、效果评价、培训记录等内容；

（二）培训记录应当包括培训对象、内容、师资、日期、地点、考核方式、考核结果等信息。

第四十二条 厂区环境卫生应当符合国家有关规定。

第四十三条 企业应当建立记录管理制度，规定记录表单的编制、格式、编号、审批、印发、修订、填写、存档、保存期限等内容。

除本规范中明确规定保存期限的记录外，其他记录保存期限不得少于1年。

第八章 附 则

第四十四条 本规范自 2015 年 7 月 1 日起施行。

内蒙古自治区饲料和饲料添加剂管理办法

（2006年1月19日内蒙古自治区人民政府令第142号发布；根据2009年2月17日《内蒙古自治区人民政府关于修改〈内蒙古自治区饲料和饲料添加剂管理办法〉的决定》修正）

第一条 为规范饲料和饲料添加剂生产、经营、使用和管理，保证饲料和饲料添加剂质量，维护人民身体健康，根据《饲料和饲料添加剂管理条例》（以下简称《条例》）和有关法律、法规，结合自治区实际，制定本办法。

第二条 本办法所称饲料，是指经工业化加工、制作的供动物食用的单一饲料、配合饲料、浓缩饲料、精料补充料和添加剂预混合饲料。

本办法所称饲料添加剂，是指在饲料加工、制作、使用过程中添加的少量或者微量物质，包括营养性饲料添加剂和一般饲料添加剂。饲料添加剂品种目录以国务院农业行政主管部门公布的为准。

第三条 自治区行政区域内从事饲料、饲料添加剂生产、经营、使用以及质量检验和监督管理的单位和个人应当遵守本办法。

第四条 旗县级以上人民政府农牧业行政主管部门，负责本行政区域内的饲料和饲料添加剂管理工作。

盟市级以上人民政府农牧业行政主管部门应当设立饲料和饲料添加剂检验机构，负责饲料和饲料添加剂的质量检验工作。

工商、质量技术监督、食品药品监督等行政管理部门按照各自职责，做好与饲料和饲料添加剂有关的监督管理工作。

第五条 旗县级以上人民政府应当加强对饲料和饲料添加剂质量安全监督管理工作的领导，逐步加大饲料和饲料添加剂质量安全监督管理工作的投入。

第六条 自治区鼓励研制、推广、使用具有地方特色的安全有效和不污染环境的饲料、饲料添加剂。

第七条 设立饲料和饲料添加剂生产企业，应当符合《条例》第九条规定的条件。

设立饲料、饲料添加剂生产企业，应当向自治区农牧业行政主管部门提出书面申请。自治区农牧业行政主管部门应当自收到申请材料之日起20日内提出审查意见，对生产单一饲料、浓缩饲料、配合饲料、精料补充料的企业，经审查符合条件的，由自治区农牧业行政主管部门核发饲料生产企业审查合格证；对生产动物源性饲料的企业，经审查符合条件的，由自治区农牧业行政主管部门核发动物源性饲料产品生产企业安全卫生合格证；对生产饲料添加剂、添加剂预混合饲料的企业，经审查符合条件的，由自治区农牧业行政主管部门报国务院农业行政主管部门颁发生产许可证。

对申请设立饲料、饲料添加剂生产企业，经审查不符合条件的，自治区农牧业行政主管部门应当书面通知申请人，并说明理由。

第八条 生产单一饲料、浓缩饲料、配合饲料、精料补充料的企业取得饲料生产企业审查合格证，生产动物源性饲料的企业取得动物源性饲料产品生产企业安全卫生合格证，生产饲料添加剂和添加剂预混合饲料的企业取得生产许可证后，方可到工商行政管理部门办理企业登记手续。

第九条 饲料添加剂和添加剂预混合饲料生产企业取得生产许可证后,应当向自治区农牧业行政主管部门申请核发产品批准文号,提交下列材料和样品:

(一)产品批准文号申请表;

(二)生产许可证复印件;

(三)三个批次的产品样品;

(四)产品质量标准和检验方法;

(五)产品生产工艺;

(六)产品标签和使用说明书样稿;

(七)送检样品的自检报告;

(八)饲喂试验报告。

自治区农牧业行政主管部门应当自收到材料之日起20日内进行审查,核发饲料添加剂和添加剂预混合饲料产品批准文号。

第十条 饲料生产企业审查合格证、动物源性饲料产品生产企业安全卫生合格证、饲料添加剂和添加剂预混合饲料产品批准文号的有效期为5年,有效期满后继续生产的,应当自有效期满前6个月内持原证件申请换发。

第十一条 饲料和饲料添加剂生产企业应当按照国家标准、行业标准或者地方标准组织生产,没有国家标准、行业标准或者地方标准的,饲料和饲料添加剂生产企业应当制定企业标准。企业标准应当经农牧业行政主管部门审核后报当地质量技术监督管理部门备案。

自治区鼓励饲料、饲料添加剂生产企业制定严于国家标准、行业标准或者地方标准的企业标准,在企业内部适用。

第十二条 饲料和饲料添加剂生产企业应当建立产品生产记录、检验记录和产品留样观察制度,生产、检验记录应当保存2

年以上，产品留样时间应当与产品保质期相同。

第十三条　饲料和饲料添加剂产品出厂时应当在包装物的显著位置附具产品质量检验合格证、产品标签。产品标签应当符合国家标签标准的要求。

加入药物饲料添加剂的饲料产品应当在产品标签上标明"加入药物饲料添加剂"字样，并标明其化学名称、含量、使用方法、注意事项和停药期；乳及乳制品之外的动物源性饲料产品，应当在产品标签上标明"本产品禁止用于反刍动物"。

在饲料添加剂、添加剂预混合饲料的标签上，应当注明生产许可证号、产品批准文号。

第十四条　经营饲料和饲料添加剂的企业或者个体工商户应当具备与经营饲料、饲料添加剂相适应的仓储设施，有具备饲料、饲料添加剂使用、贮存、分装等知识的技术人员和必要的产品质量管理制度等条件，不得将饲料产品与其他物品混存、混放。

第十五条　经营饲料和饲料添加剂的企业或者个体工商户，在取得工商营业执照之日起30日内，应当书面告知所在地农牧业行政主管部门。

第十六条　经营饲料和饲料添加剂的企业或者个体工商户，采购饲料和饲料添加剂产品时应当核对生产许可证、饲料生产企业审查合格证、动物源性饲料产品生产企业安全卫生合格证、饲料添加剂和添加剂预混合饲料产品批准文号、产品质量检验合格证和产品标签。

经营饲料和饲料添加剂的企业或者个体工商户在销售饲料和饲料添加剂产品时应当建立产品销售记录，产品销售记录应当载明产品名称、生产日期、保质期、进货渠道、进货数量、购货单位、购货数量、购货日期等，产品销售记录应当保存1年以上。

第十七条 禁止生产、经营下列饲料和饲料添加剂：

（一）无产品质量标准或者不符合产品质量标准的；

（二）无产品质量检验合格证或者无产品标签的；

（三）国家明令停用、禁用或者淘汰的以及未经国务院农业行政主管部门审定公布的；

（四）以非饲料、饲料添加剂冒充饲料、饲料添加剂或者以此种饲料、饲料添加剂冒充他种饲料、饲料添加剂的；

（五）所含成分的种类、名称与产品标签上注明的成分的种类、名称不符的；

（六）已经失效、霉变或者超过保质期的；

（七）法律、法规规定禁止生产、经营的其他饲料和饲料添加剂。

第十八条 使用饲料和饲料添加剂的应当遵守国家饲料和饲料添加剂安全使用规范。

禁止在饲料和动物饮用水中使用激素类、镇静剂类等违禁药品及国务院农业行政主管部门规定的其他禁用物质。

不得在反刍类动物饲料中添加、使用动物源性饲料产品，但乳及乳制品除外。

不得利用生活垃圾场的物质和未经高温处理的泔水充当饲料。

第十九条 从事饲料、饲料添加剂质量检验的机构，应当具备相应的检测条件和能力，经自治区级以上人民政府质量技术监督行政主管部门或者农牧业行政主管部门考核合格，方可承担饲料、饲料添加剂的产品质量检验工作，并对其做出的检验结论承担法律责任。

第二十条 旗县级以上人民政府农牧业行政主管部门根据自治区农牧业行政主管部门制定的饲料质量监督抽查工作计划，组织对本行政区域内的饲料和饲料添加剂进行定期质量监督，但半年之内不得对同一企业的同一产品进行重复抽查。

农牧业行政主管部门根据监督抽查的需要，在对饲料、饲料添加剂产品进行检验时，应当按照国家规定的抽样方法抽取样品，不得向被检查者收取包括检验费和质量保证金在内的任何费用，监督检查不得妨碍企业正常的生产经营活动。

监督抽查结果由组织抽查的农牧业行政主管部门会同同级质量技术监督行政主管部门向社会公布。

第二十一条 旗县级以上人民政府农牧业行政主管部门在实施监督检查时，有权进入饲料和饲料添加剂生产、经营、使用等场所进行抽样、检查，询问当事人或者有关人员，查阅、复制有关发票、账簿及其他有关资料，对涉嫌违法生产、经营、使用的产品依法采取登记保存等措施。

农牧业行政主管部门执法人员在执行监督检查任务时，应当出示自治区人民政府统一核发的行政执法证件，对不出示行政执法证件的，被检查者有权拒绝检查。

第二十二条 农牧业行政主管部门执法人员依法履行职责，被检查者应当予以配合，任何单位和个人不得拒绝或者阻碍执法人员依法履行职责。

第二十三条 各级人民政府及其部门应当建立饲料和饲料添加剂质量安全目标管理责任制和责任追究制度。

第二十四条 自治区建立饲料和饲料添加剂质量安全应急体系。

旗县级以上人民政府应当组织农牧业、安全生产监督、卫生、质量技术监督、工商、食品药品监督等部门根据本地区的实际情况，制定本行政区域的饲料和饲料添加剂质量安全应急预案。

第二十五条 发生饲料和饲料添加剂质量安全事故时,有关单位和个人应当采取控制措施,及时向所在地旗县级人民政府农牧业行政主管部门报告,不得隐瞒不报、谎报或者推延迟报。

旗县级人民政府农牧业行政主管部门接到报告后应当立即派人组织调查,及时采取相应的处理措施;发生重大饲料和饲料添加剂质量安全事故时,应当及时上报自治区人民政府。

第二十六条 饲料和饲料添加剂质量安全事故而引发重大疫情或者其他突发事件时,旗县级以上人民政府应当启动饲料和饲料添加剂质量安全应急预案。

第二十七条 饲料和饲料添加剂质量安全应急预案启动后,各有关部门应当按照应急预案的规定,相互协调配合,迅速做好重大疫情或者其他突发事件的应急处理和善后工作。

饲料和饲料添加剂生产者、经营者和使用者应当承担应急义务,服从统一安排和调度,保证应急工作的需要。

第二十八条 任何单位和个人对违反饲料和饲料添加剂法律、法规的行为有权进行举报。

接到举报的部门对属于本部门职责范围内的事项,应当及时依法处理,对于实名举报,应当及时答复;对不属于本部门职责范围内的事项,应当及时移交有权处理的部门,有权处理的部门应当立即处理,不得推诿。

第二十九条 违反本办法规定,未取得农牧业行政主管部门颁发的饲料生产企业审查合格证、动物源性饲料产品生产企业安全卫生合格证生产饲料的,由自治区农牧业行政主管部门按照国务院《无照经营查处取缔办法》的规定予以处罚。

第三十条 违反本办法规定,饲料和饲料添加剂生产企业的饲料生产企业审查合格证、动物源性饲料产品生产企业安全卫生合格证、饲料添加剂和添加剂预混合饲料产品批准文号超过有效期，继续生产的，由旗县级以上人民政府农牧业行政主管部门责令限期改正，逾期不改正的，处以1000元以上10000元以下的罚款。

第三十一条 违反本办法规定，饲料和饲料添加剂生产企业未建立产品生产记录、检验记录和产品留样观察制度的，由旗县级以上人民政府农牧业行政主管部门责令限期改正，逾期不改正的，处以1000元以上10000元以下的罚款。

第三十二条 违反本办法第十四条规定，经营饲料、饲料添加剂的，由旗县级以上人民政府农牧业行政主管部门责令限期改正，逾期不改正的，责令其停止经营，没收违法所得，可以并处违法所得1倍以上3倍以下的罚款。

第三十三条 违反本办法第十八条第三款、第四款规定，在反刍类动物饲料中添加使用动物源性饲料，利用生活垃圾场的物质或者利用未经高温处理的泔水充当饲料的，由旗县级以上人民政府农牧业行政主管部门责令改正，并处违法所得2倍以下的罚款，但最高不得超过3万元。

第三十四条 国家机关工作人员在饲料、饲料添加剂监督管理工作中，有下列情形之一的，由任免机关责令改正，依法给予处分；构成犯罪的，依法追究刑事责任：

（一）违反规定批准或者审查同意饲料和饲料添加剂管理事项的；

（二）对违反饲料和饲料添加剂管理的行为，不依法进行调查处理的；

（三）在监督管理活动中违反规定收费或者侵占、私分财物的；

（四）不履行或者不正当履行应急预案职责的；

（五）有其他滥用职权、徇私舞弊、玩忽职守情形的。

第三十五条　本办法下列用语的含义：

（一）单一饲料，是指以一种植物、动物、微生物或者矿物质为原料经工业化加工、制作的可供动物直接食用的饲料或者附产品，包括秸秆和草产品、动物源性饲料、矿物质饲料等产品。

（二）配合饲料，是指根据动物营养需要，将多种单一饲料和饲料添加剂按配方比例经工业加工生产的饲料。

（三）浓缩饲料，是指由蛋白质饲料、矿物质饲料和添加剂预混合饲料按一定比例配制的均匀混合物。

（四）精料补充料，是指为补充以粗饲料、青饲料、青贮饲料为基础日粮的草食饲养动物的营养，而用多种单一饲料和饲料添加剂按一定比例配制的饲料。

（五）添加剂预混合饲料，是指两种或者两种以上的饲料添加剂加载体或者稀释剂按一定比例配制而成的均匀混合物，在配合饲料中添加量不超过10%。

（六）动物源性饲料是指以动物或动物下脚料为原料，经工业化加工制作的单一饲料。

第三十六条　本办法自公布之日起施行。2006年1月19日发布的《内蒙古饲料和饲料添加剂管理办法》（内蒙古自治区人民政府令第142号）同时废止。

饲料和饲料添加剂生产许可管理办法

(2012年5月2日农业部令2012年第3号发布，2013年12月31日农业部令2013年第5号修订，农业部令2016年第3号修订)

第一章 总 则

第一条 为加强饲料、饲料添加剂生产许可管理，维护饲料、饲料添加剂生产秩序，保障饲料、饲料添加剂质量安全，根据《饲料和饲料添加剂管理条例》，制定本办法。

第二条 在中华人民共和国境内生产饲料、饲料添加剂，应当遵守本办法。

第三条 饲料和饲料添加剂生产许可证由省级人民政府饲料管理部门（以下简称省级饲料管理部门）核发。

省级饲料管理部门可以委托下级饲料管理部门承担单一饲料、浓缩饲料、配合饲料和精料补充料生产许可申请的受理工作。

第四条 农业部设立饲料和饲料添加剂生产许可专家委员会，

负责饲料和饲料添加剂生产许可的技术支持工作。

省级饲料管理部门设立饲料和饲料添加剂生产许可证专家审核委员会，负责本行政区域内饲料和饲料添加剂生产许可的技术评审工作。

第五条 任何单位和个人有权举报生产许可过程中的违法行为，农业部和省级饲料管理部门应当依照权限核实、处理。

第二章 生产许可证核发

第六条 设立饲料、饲料添加剂生产企业，应当符合饲料工业发展规划和产业政策，并具备下列条件：

（一）有与生产饲料、饲料添加剂相适应的厂房、设备和仓储设施；

（二）有与生产饲料、饲料添加剂相适应的专职技术人员；

（三）有必要的产品质量检验机构、人员、设施和质量管理制度；

（四）有符合国家规定的安全、卫生要求的生产环境；

（五）有符合国家环境保护要求的污染防治措施；

（六）农业部制定的饲料、饲料添加剂质量安全管理规范规定的其他条件。

第七条 申请从事饲料、饲料添加剂生产的企业，申请人应当向生产地省级饲料管理部门提出申请。省级饲料管理部门应当自受理申请之日起10个工作日内进行书面审查；审查合格的，组织进行现场审核，并根据审核结果在10个工作日内作出是否核发生产许可证的决定。

生产许可证式样由农业部统一规定。

第八条 取得饲料添加剂、添加剂预混合饲料生产许可证的企业，应当向省级饲料管理部门申请核发产品批准文号。

第九条 饲料、饲料添加剂生产企业委托其他饲料、饲料添加剂企业生产的，应当具备下列条件，并向各自所在地省级饲料管理部门备案：

（一）委托产品在双方生产许可范围内；委托生产饲料添加剂、添加剂预混合饲料的，双方还应当取得委托产品的产品批准文号；

（二）签订委托合同，依法明确双方在委托产品生产技术、质量控制等方面的权利和义务。

受托方应当按照饲料、饲料添加剂质量安全管理规范和饲料添加剂安全使用规范及产品标准组织生产，委托方应当对生产全过程进行指导和监督。委托方和受托方对委托生产的饲料、饲料添加剂质量安全承担连带责任。

委托生产的产品标签应当同时标明委托企业和受托企业的名称、注册地址、许可证编号；委托生产饲料添加剂、添加剂预混合饲料的，还应当标明受托方取得的生产该产品的批准文号。

第十条 生产许可证有效期为5年。

生产许可证有效期满需继续生产的，应当在有效期届满6个月前向省级饲料管理部门提出续展申请，并提交相关材料。

第三章 生产许可证变更和补发

第十一条 饲料、饲料添加剂生产企业有下列情形之一的，应当按照企业设立程序重新办理生产许可证：

（一）增加、更换生产线的；

（二）增加单一饲料、饲料添加剂产品品种的；

（三）生产场所迁址的；

（四）农业部规定的其他情形。

第十二条 饲料、饲料添加剂生产企业有下列情形之一的，应当在15日内向企业所在地省级饲料管理部门提出变更申请并提交相关证明，由发证机关依法办理变更手续，变更后的生产许可证证号、有效期不变：

（一）企业名称变更；

（二）企业法定代表人变更；

（三）企业注册地址或注册地址名称变更；

（四）生产地址名称变更。

第十三条 生产许可证遗失或损毁的，应当在15日内向发证机关申请补发，由发证机关补发生产许可证。

第四章 监督管理

第十四条 饲料、饲料添加剂生产企业应当按照许可条件组织生产。生产条件发生变化，可能影响产品质量安全的，企业应当经所在地县级人民政府饲料管理部门报告发证机关。

第十五条 县级以上人民政府饲料管理部门应当加强对饲料、饲料添加剂生产企业的监督检查，依法查处违法行为，并建立饲料、饲料添加剂监督管理档案，记录日常监督检查、违法行为查处等情况。

第十六条 饲料、饲料添加剂生产企业应当在每年2月底前填写备案表，将上一年度的生产经营情况报企业所在地省级饲料管理部门备案。省级饲料管理部门应当在每年 4 月底前将企业备案情况汇总上报农业部。

第十七条　饲料、饲料添加剂生产企业有下列情形之一的，由发证机关注销生产许可证：

（一）生产许可证依法被撤销、撤回或依法被吊销的；

（二）生产许可证有效期届满未按规定续展的；

（三）企业停产一年以上或依法终止的；

（四）企业申请注销的；

（五）依法应当注销的其他情形。

第五章　罚　则

第十八条　县级以上人民政府饲料管理部门工作人员，不履行本办法规定的职责或者滥用职权、玩忽职守、徇私舞弊的，依法给予处分；构成犯罪的，依法追究刑事责任。

第十九条　申请人隐瞒有关情况或者提供虚假材料申请生产许可的，饲料管理部门不予受理或者不予许可，并给予警告；申请人在 1 年内不得再次申请生产许可。

第二十条　以欺骗、贿赂等不正当手段取得生产许可证的，由发证机关撤销生产许可证，申请人在 3 年内不得再次申请生产许可；以欺骗方式取得生产许可证的，并处 5 万元以上 10 万元以下罚款；构成犯罪的，依法移送司法机关追究刑事责任。

第二十一条　饲料、饲料添加剂生产企业有下列情形之一的，依照《饲料和饲料添加剂管理条例》第三十八条处罚：

（一）超出许可范围生产饲料、饲料添加剂的；

（二）生产许可证有效期届满后，未依法续展继续生产饲料、饲料添加剂的。

第二十二条 饲料、饲料添加剂生产企业采购单一饲料、饲料添加剂、药物饲料添加剂、添加剂预混合饲料，未查验相关许可证明文件的，依照《饲料和饲料添加剂管理条例》第四十条处罚。

第二十三条 其他违反本办法的行为，依照《饲料和饲料添加剂管理条例》的有关规定处罚。

第六章 附 则

第二十四条 本办法所称添加剂预混合饲料，包括复合预混合饲料、微量元素预混合饲料、维生素预混合饲料。

复合预混合饲料，是指以矿物质微量元素、维生素、氨基酸中任何两类或两类以上的营养性饲料添加剂为主，与其他饲料添加剂、载体和（或）稀释剂按一定比例配制的均匀混合物，其中营养性饲料添加剂的含量能够满足其适用动物特定生理阶段的基本营养需求，在配合饲料、精料补充料或动物饮用水中的添加量不低于0.1%且不高于10%。

微量元素预混合饲料，是指两种或两种以上矿物质微量元素与载体和（或）稀释剂按一定比例配制的均匀混合物，其中矿物质微量元素含量能够满足其适用动物特定生理阶段的微量元素需求，在配合饲料、精料补充料或动物饮用水中的添加量不低于0.1%且不高于10%。

维生素预混合饲料，是指两种或两种以上维生素与载体和（或）稀释剂按一定比例配制的均匀混合物，其中维生素含量应当满足其适用动物特定生理阶段的维生素需求，在配合饲料、精料补充料或动物饮用水中的添加量不低于0.01%且不高于10%。

第二十五条 本办法自2012年7月1日起施行。农业部1999年12月9日发布的《饲料添加剂和添加剂预混合饲料生产许可证管理办法》、2004年7月14日发布的《动物源性饲料产品安全卫生管理办法》、2006年11月24日发布的《饲料生产企业审查办法》同时废止。

本办法施行前已取得饲料生产企业审查合格证、动物源性饲料产品生产企业安全卫生合格证的饲料生产企业，应当在2014年7月1日前依照本办法规定取得生产许可证。

附 录

动物源性饲料产品安全卫生管理办法

中华人民共和国农业部令

第40号

《动物源性饲料产品安全卫生管理办法》业经2004年7月14日农业部第25次常务会议审议通过,现予公布,自2004年10月1日起施行。

农业部部长

二〇〇四年八月二日

第一章 总 则

第一条 为加强动物源性饲料产品安全卫生管理,根据《饲料和饲料添加剂管理条例》,制定本办法。

第二条 农业部负责全国动物源性饲料产品的管理工作。

县级以上地方人民政府饲料管理部门负责本行政区域内动物源性饲料产品的管理工作。

第三条 本办法所称动物源性饲料产品是指以动物或动物副产物为原料,经工业化加工、制作的单一饲料。

动物源性饲料产品目录由农业部发布。

第二章 企业设立审查

第四条 设立动物源性饲料产品生产企业,应当向所在地省级人民政府饲料管理部门提出申请,经审查合格,取得《动物源性饲料产品生产企业安全卫生合格证》后,方可办理企业登记手续。

第五条 设立动物源性饲料产品生产企业,应当具备下列条件:

(一)厂房设施

1. 厂房无破损,厂房及其附属设施便于清洗和消毒;

2. 相应的防蝇、防鼠、防鸟、防尘设备和仓储设施;

3. 相应的更衣室、卫生间、洗手池。

(二)生产工艺及设备

1. 生产工艺和设备能满足产品的安全卫生和质量标准要求;

2. 相应的清洗、消毒、烘干、粉碎等设施。

(三)人员

1. 技术负责人具有大专以上文化程度或中级以上技术职称,熟悉生产工艺,从事相应专业工作2年以上;

2. 质量管理及质检机构负责人具有大专以上文化程度或中级以上技术职称,从事相应专业工作3年以上;

3. 特有工种从业人员取得相应的职业资格证书。

(四)质检机构及设备

1. 设立质检机构;

2. 设立仪器室(区)、检验操作室(区)和留样观察室(区);

3. 质量检验所需的基本设备。

（五）生产环境

1. 企业所在地远离动物饲养场地，最小距离1000米。如靠近屠宰场所，需有必要的隔离措施；

2. 厂区内禁止饲养动物；

3. 生产厂区布局合理，原料整理、生产加工、成品储存等区域分开，保证成品和原料单独存放，防止交叉污染。

（六）污染防治措施

完备的废弃物收集、处理系统和污染防治设施，其排放符合环保要求。

第六条 申请设立动物源性饲料产品生产企业的，应当填报《动物源性饲料产品生产申请书》，并提供符合第五条规定条件的相关材料。

《动物源性饲料产品生产申请书》可以从所在地省级人民政府饲料管理部门免费领取或从中国饲料工业信息网（网址：http://www.chinafeed.org.cn）下载。

第七条 省级人民政府饲料管理部门收到《动物源性饲料产品生产申请书》及其相关材料后，应当在15个工作日内完成对企业的材料审核，交评审组评审；并在收到评审意见后5个工作日内作出审查决定。决定不予颁发的，书面通知申请人，并说明理由。

申请材料不齐全或者不符合规定条件的，应当在5个工作日内一次告知申请人需补正的全部内容。

《动物源性饲料产品生产企业安全卫生合格证》样式由农业部制定。

第八条 评审组由评审员、技术专家3—5人组成，评审员须经农业部培训合格。

评审组应当对申请人的生产条件进行实地考察。

第三章 生产管理

第九条 企业应当建立下列制度：

（一）岗位责任制度；

（二）生产管理制度；

（三）检验化验制度；

（四）标准及质量保证制度；

（五）安全卫生制度；

（六）产品留样观察制度；

（七）计量管理制度。

第十条 企业原料管理应当符合下列要求：

（一）原料采购和出库有完整记录，并至少保存二年。禁止采购腐败、污染或来自动物疫区的动物原料；

（二）原料分类堆放并明确标识，保证合格原料与不合格原料、哺乳类动物原料与其它原料分开。禁止露天放置原料；

（三）原料使用遵循先进先出原则。使用前进行筛选，去除不合格原料并作无害化处理。

第十一条 企业生产过程管理应当符合下列要求：

（一）禁止在厂区内堆积不必要的器材、物品，以免有害生物孳生；

（二）对用于制造、包装、储运的设备及器具定期清洗、消毒；

（三）使用同一设备生产不同动物源性饲料产品前，应当对设备进行彻底清洗，防止交叉污染；

（四）操作人员应当有健康证明，特殊作业人员须半年体检一次；

（五）严格按照生产工艺流程生产；

（六）制作生产记录，包括原料种类、原料数量、生产日期、产品数量、生产工艺条件等内容，并至少保存二年。

第十二条　企业成品管理应当符合下列要求：

（一）成品检验合格，并制作检验记录和检验报告。检验项目包括：总菌数、大肠杆菌、沙门氏菌、重金属、特定病原菌等安全卫生指标；

（二）成品被有害、有毒物质污染或因其它原因导致品质破坏时，立即予以销毁，并追查原因，制作记录；

（三）成品分类存放，防止误装混装。

第十三条　产品包装物不得破损，并附具明确、醒目的标识和标签。

包装物需重复使用的，应当进行清洁、冲洗、消毒。

第十四条　产品标签应当符合国家饲料标签标准，并标明动物源名称和《动物源性饲料产品生产企业安全卫生合格证》编号。

乳及乳制品之外的动物源性饲料产品还应当在标签上标注"本产品不得饲喂反刍动物"字样。

第四章　经营、进口和使用管理

第十五条　产品经营者购进动物源性饲料产品时，应当核对产品标签、产品质量合格证。

禁止经营标签标注不符合本办法第十四条规定的动物源性饲料产品。

第十六条　进口动物源性饲料产品，应当按照《进口饲料和饲料添加剂登记管理办法》的规定办理进口产品登记证。

禁止进口动物疫情流行国家（地区）的动物源性饲料产品。

禁止进口经第三国（地区）转口的动物疫情流行国家和地区的动物源性饲料产品。

第十七条 对已获得产品登记证的进口动物源性饲料产品，在农业部宣布禁用后，其产品登记证自禁用之日起失效。获证企业应当将产品登记证退回农业部，由农业部注销并予公告。

农业部宣布暂停进口的动物源性饲料产品，其产品登记证在暂停期间停止使用。

第十八条 禁止在反刍动物饲料中使用动物源性饲料产品，但乳及乳制品除外。

第十九条 禁止经营、使用无产品登记证的进口动物源性饲料产品；禁止经营、使用未取得《动物源性饲料产品生产企业安全卫生合格证》的动物源性饲料产品。

第五章 监督检查

第二十条 生产企业应当填写生产经营状况备案表，于每年3月底前报省级人民政府饲料管理部门备案。

备案表由省级人民政府饲料管理部门免费提供，企业也可从中国饲料工业信息网（网址：http://www.chinafeed.org.cn）下载。

农业部不定期对备案工作进行督查。

第二十一条 县级以上地方人民政府饲料管理部门应当不定期对动物源性饲料产品生产企业进行现场检查，但不得妨碍企业正常的生产经营活动，不得索取或收受财物，不得牟取其他利益。

第二十二条 在备案和现场检查中，发现动物源性饲料产品生产企业生产条件发生重大变化、存在严重安全卫生隐患或产品质量安全问题，或者有其他违反本办法情形的，县级以上地方人民政府饲料管理部门应当依法调查，并及时作出处理决定。

第二十三条 生产企业有下列情形之一的，省级人民政府饲料管理部门应当收回、注销其《动物源性饲料产品生产企业安全卫生合格证》，并予公告：

（一）基本情况发生较大变化，已不具备基本生产条件或安全卫生条件的；

（二）停产两年以上的；

（三）破产或被兼并的；

（四）迁址未通知主管部门的；

（五）买卖、转让、租借《动物源性饲料生产企业安全卫生合格证》的；

（六）连续两年没有上报备案材料，经督促拒不改正的。

第六章 罚 则

第二十四条 通过欺骗、贿赂等不正当手段取得《动物源性饲料生产企业安全卫生合格证》的，由省级人民政府饲料管理部门撤销其《动物源性饲料生产企业安全卫生合格证》，并予公告，三年内不再受理该申请人提出的申请。

第二十五条 买卖、转让、租借《动物源性饲料生产企业安全卫生合格证》，有违法所得的，处违法所得三倍以下罚款，但最高不超过三万元；无违法所得的，处一万元以下罚款。

第二十六条 未取得或假冒、伪造《动物源性饲料生产企业安全卫生合格证》生产动物源性饲料产品，有违法所得的，处违法所得三倍以下罚款，但最高不超过三万元；无违法所得的，处一万元以下罚款。

第二十七条 违反本办法第十、十一、十二条规定的，给予警告，限期改正；逾期不改或者再次出现同类违法行为的，处一千元以上一万元以下罚款。

第二十八条 经营、使用未取得《动物源性饲料生产企业安全卫生合格证》的动物源性饲料产品的，责令改正。有违法所得的，处违法所得二倍以下罚款，但最高不超过三万元；无违法所得的，处一万元以下罚款。

第二十九条 其他违反本办法规定的行为，依照《饲料和饲料添加剂管理条例》的有关规定处罚。

第七章 附 则

第三十条 本办法施行前已设立的动物源性饲料产品生产企业，应当自本办法施行之日起六个月内办理《动物源性饲料生产企业安全卫生合格证》。

第三十一条 本办法自 2004 年 10 月 1 日起施行。

饲料生产企业审查办法

中华人民共和国农业部令

第 73 号

《饲料生产企业审查办法》已于 2006 年 11 月 7 日经农业部第 28 次常务会议审议通过，现予公布，自 2007 年 5 月 1 日起施行。

农业部部长
二〇〇六年十一月二十四日

第一章 总 则

第一条 为了加强饲料生产企业管理，保障饲料产品质量安全，促进饲料工业和养殖业可持续发展，维护人民身体健康，根据《饲料和饲料添加剂管理条例》第九条的规定，制定本办法。

第二条 本办法适用于设立饲料生产企业的审查，但饲料添加剂、添加剂预混合饲料和动物源性饲料生产企业除外。

第三条 设立饲料生产企业，应当经省级人民政府饲料管理部门依照本办法规定审查合格后，方可办理企业登记手续。

设立饲料添加剂、添加剂预混合饲料生产企业，依照《饲料添加剂和添加剂预混合饲料生产许可证管理办法》的规定办理；设立动物源性饲料生产企业，依照《动物源性饲料产品安全卫生管理办法》的规定办理。

第四条 县级以上地方人民政府饲料管理部门负责本行政区域内饲料生产企业的监督管理工作。

第二章 企业设立条件

第五条 饲料生产企业应当有与所生产饲料相适应的厂房、工艺、设备及仓储设施：

（一）厂址避开化工等有污染的工业企业，与养殖场、屠宰场、居民点保持适当距离；

（二）厂房、车间布局合理，生产区与生活区、办公区分开；

（三）工艺设计合理，能保证饲料质量和安全卫生要求；

（四）设备符合生产工艺流程，便于维护和保养；

（五）仓储设施与生产区保持一定距离，满足储存要求，有防火、防鼠、防潮、防污染等设施；

（六）兼产饲料添加剂和添加剂预混合饲料的，应当有专用生产线。

第六条 饲料生产企业应当有与所生产饲料相适应的专职技术人员：

（一）技术、质量负责人具备相关专业大专以上学历或者中级以上职称；

（二）生产负责人熟悉生产工艺并具备相应的管理能力；

（三）检验化验、中控等特有工种从业人员持有相应的职业资格证书。

第七条 饲料生产企业应当有必要的产品质量检验机构、检验人员和检验设施：

（一）有质检室（区），包括仪器室（区）、操作室（区）、留样室（区）；

（二）检验人员不少于2人；

（三）有与需要检验的原料、成品相适应的检测设备和仪器。

第八条 饲料生产企业应当建立下列制度：

（一）岗位责任制度；

（二）生产管理制度；

（三）检验化验制度；

（四）质量管理制度；

（五）安全卫生制度；

（六）产品留样观察制度；

（七）计量管理制度。

第九条 饲料生产企业生产环境应当符合国家规定的安全、卫生要求，污染防治措施符合国家环境保护要求。

第三章　审查程序

第十条 申请设立饲料生产企业，应当向生产所在地省级人民政府饲料管理部门提交《饲料生产企业设立申请书》和符合本办法第二章规定条件的相关证明材料。企业名称应当经工商行政管理机关预先核准。

省级人民政府饲料管理部门受理申请后，应当在15日内完成对申请材料的审核，并提交评审组评审。

申请材料不齐全或者不符合规定条件的，应当在5日内一次告知申请人需补正的全部内容。

第十一条 评审组由省级人民政府饲料管理部门组织，由3—5名饲料行业管理人员和有关专家组成。

评审组应当对申请人的生产条件进行实地考查。

第十二条 省级人民政府饲料管理部门可以委托下级饲料管

理部门承担申请材料的接收、受理和审核工作。

第十三条 省级人民政府饲料管理部门应当在收到评审意见后 5 日内做出审查决定。符合条件的,应当在 10 日内向申请人颁发《饲料生产企业审查合格证》,并予公告;不符合条件的,书面通知申请人,并说明理由。

第十四条 《饲料生产企业设立申请书》可向所在地省级人民政府饲料管理部门免费领取或者从中国饲料工业信息网(网址 http：//www.Chinafeed.org.cn)下载。

《饲料生产企业设立申请书》、《饲料生产企业审查合格证》格式由农业部统一规定。

第十五条 申请人持《饲料生产企业审查合格证》,向当地工商行政管理机关申请登记。

第十六条 办理《饲料生产企业审查合格证》,不得向申请人收取费用。

第四章 监督管理

第十七条 饲料生产企业应当于每年 3 月底前将企业生产状况报省级人民政府饲料管理部门备案。备案表由省级人民政府饲料管理部门免费提供,企业也可从中国饲料工业信息网下载。

县级以上地方人民政府饲料管理部门可以依法对饲料生产企业进行现场检查。

第十八条 在备案和现场检查中,发现饲料生产企业生产条件发生重大变化、存在安全卫生隐患或者产品质量安全问题,或者有其他违反本办法规定情形的,县级以上地方人民政府饲料管理部门应当依法调查,并及时做出处理决定。

第十九条 饲料生产企业名称、生产地址名称或者法定代表人变更的,应当向省级人民政府饲料管理部门申请办理变更手续。

第二十条 饲料生产企业增加生产线或者迁移生产地址的,应当按照本办法的规定重新申请办理《饲料生产企业审查合格证》。

饲料生产企业设立分厂的,应当另行办理《饲料生产企业审查合格证》。

第二十一条 饲料生产企业有下列情形之一的,省级人民政府饲料管理部门应当收回、注销其《饲料生产企业审查合格证》,并予公告:

(一)生产条件发生重大变化,不再具备本办法第二章规定条件的;

(二)停产两年以上的;

(三)破产或者被兼并不再生产饲料的;

(四)迁址未通知主管部门的;

(五)买卖、转让、租借《饲料生产企业审查合格证》的;

(六)连续两年没有上报备案材料,经督促拒不改正的。

第二十二条 从事饲料生产企业审查、监督检查的单位及人员,应当为企业提供的技术资料保密;现场检查时,不得妨碍企业正常的生产经营活动,不得索取或收受财物,不得牟取其他利益。

第五章 罚 则

第二十三条 饲料管理部门工作人员和评审人员不依法履行审查和监督管理职责,玩忽职守、滥用职权或者徇私舞弊的,依照有关规定给予处分;构成犯罪的,依法追究刑事责任。

第二十四条 通过欺骗、贿赂等不正当手段取得《饲料生产企业审查合格证》的,由省级人民政府饲料管理部门撤销其《饲料生产企业审查合格证》，并予公告，三年内不再受理该申请人提出的同类申请。

第二十五条 有下列违法行为之一，没有违法所得的，处一万元以下罚款；有违法所得的，处违法所得三倍以下罚款，但最高不超过三万元：

（一）买卖、转让、租借《饲料生产企业审查合格证》的；

（二）未取得《饲料生产企业审查合格证》生产饲料的；

（三）假冒、伪造《饲料生产企业审查合格证》生产饲料的。

第二十六条 违反本办法第十九条的规定，没有办理变更手续继续生产的，给予警告，限期改正；逾期不改或者再次出现同类违法行为的，处一千元以下罚款。

第二十七条 饲料生产企业条件不符合本办法第五至第八条规定，尚未达到第二十一条第一项规定程度的，给予警告，限期改正；逾期不改或者再次出现同类违法行为的，处一千元以上一万元以下罚款。

第二十八条 经营未取得《饲料生产企业审查合格证》的饲料产品的，责令改正。有违法所得的，处违法所得二倍以下罚款，但最高不超过二万元；没有违法所得的，处五千元以下罚款。

第六章 附 则

第二十九条 饲料管理部门依法注销、撤销《饲料生产企业审查合格证》的，应当及时通知工商行政管理部门。

第三十条 本办法所称日以工作日计算，不含法定节假日。

第三十一条 本办法自2007年5月1日起施行。本办法施行之前已设立的饲料生产企业，应当自本办法实施之日起一年内办理《饲料生产企业审查合格证》。

饲料添加剂和添加剂预混合饲料产品批准文号管理办法

中华人民共和国农业部令

2012 年第 5 号

《饲料添加剂和添加剂预混合饲料产品批准文号管理办法》已经 2012 年农业部第 6 次常务会议审议通过,现予公布,自 2012 年 7 月 1 日起施行。

农业部部长
二〇一二年五月二日

第一条 为加强饲料添加剂和添加剂预混合饲料产品批准文号管理,根据《饲料和饲料添加剂管理条例》,制定本办法。

第二条 本办法所称饲料添加剂,是指在饲料加工、制作、使用过程中添加的少量或者微量物质,包括营养性饲料添加剂和一般饲料添加剂。

本办法所称添加剂预混合饲料,是指由两种(类)或者两种(类)以上营养性饲料添加剂为主,与载体或者稀释剂按照一定比例配制的饲料,包括复合预混合饲料、微量元素预混合饲料、维生素预混合饲料。

第三条 在中华人民共和国境内生产的饲料添加剂、添加剂预混合饲料产品,在生产前应当取得相应的产品批准文号。

第四条 饲料添加剂、添加剂预混合饲料生产企业为其他饲料、饲料添加剂生产企业生产定制产品的，定制产品可以不办理产品批准文号。

定制产品应当附具符合《饲料和饲料添加剂管理条例》第二十一条规定的标签，并标明"定制产品"字样和定制企业的名称、地址及其生产许可证编号。

定制产品仅限于定制企业自用，生产企业和定制企业不得将定制产品提供给其他饲料、饲料添加剂生产企业、经营者和养殖者。

第五条 饲料添加剂、添加剂预混合饲料生产企业应当向省级人民政府饲料管理部门（以下简称省级饲料管理部门）提出产品批准文号申请，并提交以下资料：

（一）产品批准文号申请表；

（二）生产许可证复印件；

（三）产品配方、产品质量标准和检测方法；

（四）产品标签样式和使用说明；

（五）涵盖产品主成分指标的产品自检报告；

（六）申请饲料添加剂产品批准文号的，还应当提供省级饲料管理部门指定的饲料检验机构出具的产品主成分指标检测方法验证结论，但产品有国家或行业标准的除外；

（七）申请新饲料添加剂产品批准文号的，还应当提供农业部核发的新饲料添加剂证书复印件。

第六条 省级饲料管理部门应当自受理申请之日起10个工作日内对申请资料进行审查，必要时可以进行现场核查。审查合格的，通知企业将产品样品送交指定的饲料质量检验机构进行复核检测，并根据复核检测结果在10个工作日内决定是否核发产品批准文号。

产品复核检测应当涵盖产品质量标准规定的产品主成分指标和卫生指标。

第七条 企业同时申请多个产品批准文号的，提交复核检测的样品应当符合下列要求：

（一）申请饲料添加剂产品批准文号的，每个产品均应当提交样品；

（二）申请添加剂预混合饲料产品批准文号的，同一产品类别中，相同适用动物品种和添加比例的不同产品，只需提交一个产品的样品。

第八条 省级饲料管理部门和饲料质量检验机构的工作人员应当对申请者提供的需要保密的技术资料保密。

第九条 饲料添加剂产品批准文号格式为：

×饲添字（××××）××××××

添加剂预混合饲料产品批准文号格式为：

×饲预字（××××）××××××

×：核发产品批准文号省、自治区、直辖市的简称

（××××）：年份

××××××：前三位表示本辖区企业的固定编号，后三位表示该产品获得的产品批准文号序号。

第十条 饲料添加剂、添加剂预混合饲料产品质量复核检测收费，按照国家有关规定执行。

第十一条 有下列情形之一的，应当重新办理产品批准文号：

（一）产品主成分指标改变的；

（二）产品名称改变的。

第十二条 禁止假冒、伪造、买卖产品批准文号。

第十三条 饲料管理部门工作人员不履行本办法规定的职责

或者滥用职权、玩忽职守、徇私舞弊的，依法给予处分；构成犯罪的，依法追究刑事责任。

第十四条 申请人隐瞒有关情况或者提供虚假材料申请产品批准文号的，省级饲料管理部门不予受理或者不予许可，并给予警告；申请人在1年内不得再次申请产品批准文号。

以欺骗、贿赂等不正当手段取得产品批准文号的，由发证机关撤销产品批准文号，申请人在3年内不得再次申请产品批准文号；以欺骗方式取得产品批准文号的，并处5万元以上10万元以下罚款；构成犯罪的，依法移送司法机关追究刑事责任。

第十五条 假冒、伪造、买卖产品批准文号的，依照《饲料和饲料添加剂管理条例》第三十七条、第三十八条处罚。

第十六条 有下列情形之一的，由省级饲料管理部门注销其产品批准文号并予以公告：

（一）企业的生产许可证被吊销、撤销、撤回、注销的；

（二）新饲料添加剂产品证书被撤销的。

第十七条 饲料添加剂、添加剂预混合饲料生产企业违反本办法规定，向定制企业以外的其他饲料、饲料添加剂生产企业、经营者或养殖者销售定制产品的，依照《饲料和饲料添加剂管理条例》第三十八条处罚。

定制企业违反本办法规定，向其他饲料、饲料添加剂生产企业、经营者和养殖者销售定制产品的，依照《饲料和饲料添加剂管理条例》第四十三条处罚。

第十八条 其他违反本办法的行为，依照《饲料和饲料添加剂管理条例》的有关规定处罚。

第十九条 本办法所称添加剂预混合饲料，包括复合预混合饲料、微量元素预混合饲料、维生素预混合饲料。

复合预混合饲料，是指以矿物质微量元素、维生素、氨基酸中任何两类或两类以上的营养性饲料添加剂为主，与其他饲料添加剂、载体和（或）稀释剂按一定比例配制的均匀混合物，其中营养性饲料添加剂的含量能够满足其适用动物特定生理阶段的基本营养需求，在配合饲料、精料补充料或动物饮用水中的添加量不低于0.1%且不高于10%。

微量元素预混合饲料，是指两种或两种以上矿物质微量元素与载体和（或）稀释剂按一定比例配制的均匀混合物，其中矿物质微量元素含量能够满足其适用动物特定生理阶段的微量元素需求，在配合饲料、精料补充料或动物饮用水中的添加量不低于0.1%且不高于10%。

维生素预混合饲料，是指两种或两种以上维生素与载体和（或）稀释剂按一定比例配制的均匀混合物，其中维生素含量应当满足其适用动物特定生理阶段的维生素需求，在配合饲料、精料补充料或动物饮用水中的添加量不低于0.01%且不高于10%。

第二十条　本办法自2012年7月1日起施行。农业部1999年12月14日发布的《饲料添加剂和添加剂预混合饲料产品批准文号管理办法》同时废止。

饲料添加剂和添加剂预混合饲料生产许可证管理方法

中华人民共和国农业部令

第 26 号

《关于修改〈饲料添加剂和添加剂预混合饲料生产许可证管理办法〉的决定》，经 2003 年 3 月 26 日农业部常务会议审议通过，现予公布。自 2003 年 6 月 1 日起施行。

农业部部长
二〇〇三年四月七日

（1999 年 12 月 9 日农业部令第 24 号发布，根据 2003 年 4 与 7 日农业部令第 26 号《关于修改〈饲料添加剂和添加剂预混合饲料生产许可证管理办法〉的决定》修订，根据 2004 年 7 月 1 日农业部令第 38 号《关于修改农业行政许可规章和规范性文件的决定》第二次修订）

第一章 总 则

第一条 根据《饲料和饲料添加剂管理条例》第十条规定，制定本办法。

第二条 本办法所指饲料添加剂包括营养性饲料添加剂、一般饲料添加剂。

本办法所称添加剂预混合饲料是指由两种或两种以上饲料添

加剂加载体或稀释剂按一定比例配制而成的均匀混合物,在配合饲料中添加量不超过10%。

第三条 生产、经营、使用的饲料添加剂品种应当属于农业部公布的《允许使用的饲料添加剂品种目录》中所列品种。

第二章 企业应具备的基本条件

第四条 人员要求

(一)企业主要负责人必须具备一定的专业知识、生产经验及组织能力;

(二)技术负责人应当具有大专以上文化程度或中级以上技术职称,熟悉动物营养、所生产产品技术及生产工艺,从事相应专业工作2年以上;

(三)质量管理及检验部门的负责人,应当具有大专以上文化程度,从事相应专业工作3年以上;

(四)生产企业特有工种从业人员应当取得相应的职业资格证书。

第五条 生产场地要求

(一)厂房建筑布局合理,生产区、办公区、仓储区、生活区应当分开;

(二)生产车间布局应符合生产工艺流程的要求,工序衔接合理;

(三)要有适宜的操作间和场地,能合理放置设备和物料,防止不同物料混放和交叉污染;

(四)应有适当的除尘、通风、照明及消防设施,以保证安全生产;

(五)仓储与生产能力相适应,应当符合防水、防潮、防火、防鼠害的要求。

第六条 生产设备要求

（一）应具有与生产产品相适应的生产设备；

（二）生产设备应符合生产工艺流程，便于维护和保养；

（三）生产设备完好；

（四）生产环境有洁净要求的，须有空气净化设施和设备。

第七条 质量检验要求

（一）应当设立质检部门，质检部门直属企业负责人领导；

（二）质检部门应设立仪器室（区）、检验操作室（区）和留样观察室（区）；

（三）具有相应的检验仪器，能对产品质量进行监控，对需使用大型精密仪器检验的项目，可以委托有能力的检验机构代检；

（四）有严格的质量检验操作规程；

（五）质检部门必须有完整的检验记录和检验报告，并保存2年以上。

第八条 管理制度要求，企业应当建立以下管理制度：

（一）岗位责任制度；

（二）生产管理制度；

（三）检验化验制度；

（四）质量管理制度；

（五）安全卫生制度；

（六）产品留样观察制度；

（七）计量管理制度。

第九条 生产环境要求，生产环境应符合国家规定的环境卫生、劳动保护等要求。

第三章 办证程序

第十条 生产企业填报《饲料添加剂和添加剂预混合饲料生产许可证申请书》，同时提供厂区布局图、生产工艺流程图和相关证明等申报材料，向企业所在地省级饲料管理部门提出申请。《饲料添加剂和添加剂预混合饲料生产许可证申请书》可以向所在省级饲料管理部门领取。

第十一条 省级饲料管理部门应当在受理申请后10日内，组织对申请企业进行专家评审。专家评审包括书面审查和实地考察。

第十二条 专家评审合格的，由省级饲料管理部门填写《饲料添加剂和添加剂预混合饲料生产企业综合审核表》，在10日内与企业申请材料一并上报农业部。

第十三条 农业部自收到省级饲料管理部门报送的申报材料后10日内，将申请提交农业部饲料添加剂和添加剂预混合饲料生产许可证专家审核委员会评审，并根据评审结果在10日内决定是否发放生产许可证。

第十四条 饲料添加剂、添加剂预混合饲料新办生产企业持《饲料添加剂生产许可证》、《添加剂预混合饲料生产许可证》向工商行政管理部门申请登记，办理营业执照。

第四章 生产许可证管理

第十五条 生产饲料添加剂、添加剂预混合饲料必须取得生产许可证和产品批准文号后，方可进行生产。

第十六条 变更企业名称、生产地址名称或注册地址名称的，应当向所在地省级饲料管理部门提出申请，经审核后，报农业部换发生产许可证，并由农业部公告。

第十七条 企业有下列情况之一的,应当按照本办法规定重新办理生产许可证:

(一)异地生产的;

(二)设立分厂的;

(三)变更生产地址的;

(四)增加生产品种超出生产许可证规定的生产范围的。

第十八条 对饲料添加剂和添加剂预混合饲料生产企业实行备案制度。企业应当在每年3月底前,填写备案表,报省级饲料管理部门。备案审查中,发现企业生产条件发生重大变化、存在严重安全卫生隐患和产品质量安全等问题的,省级饲料管理部门应当进行调查,并将调查结果报农业部。农业部不定期对备案情况进行督查。省级饲料管理部门应当在每年6月底前将备案材料汇总并以电子邮件形式上报农业部。

第十九条 《饲料添加剂和添加剂预混合饲料生产许可证》有效期为5年。生产许可证期满后仍需继续生产的,企业应在期满前6个月内,持原证重新申请,经省级饲料管理部门考核符合要求、并经农业部审核合格的,换发生产许可证。

第二十条 《饲料添加剂和添加剂预混合饲料生产许可证申请书》、《饲料添加剂和添加剂预混合饲料生产企业综合审核表》、《饲料添加剂和添加剂预混合饲料生产许可证》格式由全国饲料工作办公室统一制定。

第二十一条 企业有下列情况之一的,由饲料管理部门限期整改。整改后仍不合格的,由农业部注销其生产许可证,并予以公告:

(一)企业基本情况发生较大变化,已不具备基本生产条件的;

（二）连续两年没有上报备案材料，经督促拒不改正的；

（三）生产企业停产 1 年（含 1 年）以上的；

（四）生产企业迁址未通知主管部门的。

生产企业破产或被兼并的，由农业部注销其生产许可证，并予以公告。

第五章　罚　则

第二十二条　生产经营企业在饲料产品中添加、使用违禁药品的或者未按规定使用饲料添加剂造成严重后果的，按照《饲料和饲料添加剂管理条例》第三十条第一款第三项予以处罚。

第二十三条　生产许可证吊销后，企业必须立即停止该产品的生产与销售，省级饲料管理部门将生产许可证收回后上交农业部。吊销生产许可证企业名单由农业部公告。

第二十四条　其它违反本办法规定的，按《饲料和饲料添加剂管理条例》的有关规定处罚。

第六章　附　则

第二十五条　本办法由农业部负责解释。

第二十六条　本办法自发布之日起施行。

饲料产品认证管理办法

中国国家认证认可监督管理委员会公告
2003 年第 19 号

为提高饲料质量安全卫生水平,规范饲料产品认证工作,促进饲料工业和养殖业的发展,维护人体健康,保护动物生命安全,国家认证认可监督委员会、农业部根据《中华人民共和国认证认可条例》、《饲料和饲料添加剂管理条例》,联合制定了《饲料产品认证管理办法》,现予以公告。

二〇〇三年十二月三十一日

第一章 总 则

第一条 为提高饲料质量安全卫生水平,规范饲料产品认证工作,促进饲料工业和养殖业的发展,维护人体健康,保护动物生命安全,根据《中华人民共和国认证认可条例》、《饲料和饲料添加剂管理条例》，制定本办法。

第二条 本办法所称的饲料产品认证，是指企业自愿申请，认证机构对饲料和饲料添加剂产品及其生产过程按照有关标准或者技术规范要求进行合格评定的活动。

饲料产品认证的对象，包括单一饲料、添加剂预混合饲料、浓缩饲料、配合饲料、精料补充料等饲料产品及营养性饲料添加剂和一般饲料添加剂等饲料添加剂产品（以下简称饲料产品）。

第三条 在中华人民共和国境内从事饲料产品认证及其监督管理适用本办法。

第四条 全国饲料产品认证管理及质量监督工作，由国家认证认可监督管理委员会、农业部按照国务院"三定"方案赋予的职责和有关规定，分工协作，共同实施。

第五条 凡经国家认证认可监督管理委员会批准依法设立的认证机构，在获得认可机构的认可后，均可从事饲料产品认证活动。

第六条 饲料产品认证采用统一的认证标准、技术规范、合格评定程序，标注统一的饲料产品认证标志（以下简称认证标志）。

第七条 国家鼓励饲料企业申请饲料产品认证。

凡实行生产许可证和批准文号管理的饲料和饲料添加剂，饲料行政管理部门可以凭认证机构颁发的饲料产品认证证书向获证企业免检换发产品批准文号。

第二章 组织实施

第八条 国家认证认可监督管理委员会会同农业部制定《饲

料产品认证实施规则》。

第九条 从事饲料产品认证的认证机构（以下简称认证机构）、认证人员和承担饲料产品认证检测任务的检测机构（以下简称检测机构）应当符合有关法律、行政法规和技术规范规定的资质能力要求。

第十条 认证机构应当履行以下职责：

（一）在批准的业务范围内按照规定要求开展认证工作；

（二）按照规定对获得认证的饲料产品，颁发或者撤销饲料产品认证证书，决定允许或者停止使用饲料认证标志；

（三）对饲料认证标志使用情况进行跟踪检查；

（四）对认证产品的持续符合性进行跟踪检查；

（五）受理有关的认证投诉、申诉。

第十一条 饲料产品认证实行对产品抽样检验、企业现场检查和认证后跟踪检查为主的组合认证模式。

第十二条 申请饲料产品认证的单位或者个人（以下简称申请人）应当向认证机构提交书面申请。

第十三条 认证机构自受理申请人的认证申请之日起，应当在规定的时间内完成对申请材料的审核。

材料审核不符合要求的，应当书面通知申请人。

第十四条 认证机构对材料审核符合要求的，应当通知申请人，并委派认证人员对企业生产环境和生产过程等情况进行现场检查，抽取样品委托检测机构对样品进行检测。

第十五条 认证机构对现场检查和样品检测结果符合要求的，应当按照认证基本规范、认证规则的要求进行综合评价，在规定的时间内颁发饲料产品认证证书。

对不符合要求的，应当书面通知申请人。

第十六条　认证机构应当对认证产品的持续符合性进行定期跟踪检查，也可根据情况进行不定期跟踪检查。

第十七条　申请人对认证机构的认证决定或者处理有异议的，可以向做出决定的认证机构提出申诉，对认证机构处理结果仍有异议的，可以向国家认证认可监督管理委员会申诉或者投诉。

第十八条　国家认证认可监督管理委员会和农业部定期公布获得饲料产品认证的产品名单。

第三章　证书、标志管理

第十九条　饲料产品认证证书是饲料产品符合认证要求并准许其使用认证标志的证明文件。饲料产品认证证书格式应当符合国家有关规定，由认证机构制发。

饲料产品认证证书包括以下基本内容：

（一）申请人名称；

（二）认证饲料产品名称、规格或者系列名称；

（三）饲料产品的生产者名称、生产场所地址；

（四）认证模式；

（五）认证依据的标准或者技术法规；

（六）发证日期和有效期；

（七）发证机构和证书编号。

第二十条　认证标志的基本图案、颜色

××××（标注认证机构名称）

使用认证标志时，必须在认证标志下标注认证机构名称。

第二十一条　获得饲料产品认证证书的申请人（以下简称认证证书持有人），应当在获得认证的产品或者其包装物上标注认证标志，并接受认证机构的跟踪检查。

第二十二条　认证机构对有下列情形之一的，应当注销并收回饲料产品认证证书，通知认证证书持有人停止使用认证标志：

（一）认证适用的标准变更，认证证书持有人不能满足变更要求的；

（二）饲料产品认证证书超过有效期，认证证书持有人未申请复审的；

（三）获得认证的产品不再生产的；

（四）认证证书持有人申请注销的。

第二十三条　认证机构对有下列情形之一的，应当通知认证证书持有人暂时停止使用饲料产品认证证书和认证标志：

（一）认证证书持有人未按照规定使用饲料产品认证证书和认证标志的；

（二）认证证书持有人违反认证机构要求的；

（三）监督检查结果证明生产过程或者产品不符合认证要求，但是不需要立即撤销饲料产品认证证书的。

第二十四条　认证机构对有下列情形之一的，应当撤销并收回饲料产品认证证书，通知认证证书持有人停止使用认证标志：

（一）监督检查结果证明生产过程或者产品不符合认证要求，需要立即撤销饲料产品认证证书的；

（二）饲料产品认证证书暂停使用期间，认证证书持有人未采取有效纠正措施的；

（三）获证产品出现严重质量、安全和卫生事故的。

第二十五条　认证证书持有人在获得认证的产品或者其包装物上标注认证标志时，可以根据需要等比例放大或者缩小，但不得变形、变色。

第二十六条 任何单位和个人不得转让、买卖、伪造、冒用饲料产品认证证书和认证标志。

第四章 监督管理

第二十七条 国家认证认可监督管理委员会和农业部根据职责分工，依法对认证产品的生产、销售以及认证标志使用等活动进行监督管理。

第二十八条 认证机构以及检测机构应当遵守以下规定：

（一）根据国家有关法律、行政法规规定，实施认证、认证检测和认证检查工作；

（二）保证认证、认证检测、认证检查等活动的客观独立、公开公正和诚实信用，并承担相应的法律责任；

（三）保守认证产品的商业秘密和技术秘密，不得非法占有他人的科技成果；

（四）不得从事认证工作职责范围内的咨询、产品开发和营销等活动；

（五）配合有关执法部门对违法、违规行为的查处工作。

第二十九条 认证证书持有人应当遵守以下规定：

（一）保证提供实施认证工作的必要条件，接受认证机构的跟踪检查；

（二）保证获得认证的产品持续符合规定的标准和技术规范要求；

（三）正确使用饲料产品认证证书、认证标志，不得利用饲料产品认证证书和认证标志误导公众；

（四）依法接受有关执法部门的监督检查。

第三十条 对违反国家有关法律、行政法规规定的,依照法律、行政法规规定处罚。

第五章 附 则

第三十一条 饲料产品认证及检测按照国务院价格主管部门批准的产品认证、检测收费标准收取相关费用。

第三十二条 本办法由国家认证认可监督管理委员会、农业部负责解释。

第三十三条 本办法自发布之日起实施。

附 录

饲料产品认证实施规则

国家认证认可监督管理委员会
2004 年第 11 号公告

根据国家认证认可监督管理委员会、农业部联合发布的《饲料产品认证管理办法》（2003 年第 19 号公告）的有关规定，我委组织制定了《饲料产品认证实施规则》，现予以公告。

二〇〇四年四月二十五日

1. 适用范围

本规则适用于单一饲料、添加剂预混合饲料、浓缩饲料、配合饲料、精料补充料等饲料产品及营养性饲料添加剂和一般饲料添加剂等饲料添加剂产品（以下简称饲料产品）的认证。

2. 认证模式

产品抽样检验+企业现场检查+认证后的跟踪检查

3. 认证程序

3.1 认证的申请

3.2 产品抽样检验

3.3 企业现场检查

3.4 认证结果评价与批准

3.5 认证后的跟踪检查

4. 认证实施

4.1 认证

4.1.1 认证产品单元划分

4.1.1.1 认证产品单元按《饲料产品认证目录》(见附件1)划分。

4.1.1.2 在不同生产场地生产的饲料产品,应视作不同的认证产品单元。

4.1.2 受理认证申请时需审核的文件资料

1)认证申请表(书)

2)法律地位证明文件(如申请人营业执照复印件)

3)资质证明材料及许可证的印件

4)管理体系的有效文件及必需的文件清单

5)生产和(或)服务主要过程的流程图

6)企业简介

7)产品描述(包括饲料和添加剂组份清单、饲料标签和商标)及工艺描述(如认证产品生产工艺图、厂区平面图等)

8)原料供应商清单

9)其他

4.2 产品抽样检验

4.2.1 检验样本的获得

检验样本采用抽样的方式获得。抽样人员应为检查组成员或认证机构指派的人员;抽样可以在企业现场检查前进行,也可以在企业现场检查时进行。样本应当从工厂成品仓库的合格品中随机抽取。

4.2.1.1 抽样原则

认证产品单元为单一型号时,应从该型号的产品中抽样。

认证产品单元为系列产品时,应先从该系列产品中确定有代表性的产品型号,再从该型号的产品中抽样。

4.2.1.2 抽样方法

抽样方法按《饲料产品认证采样方法》。

4.2.1.3 样本及相关资料的处置

检验完毕且结果无争议后,样本可以处理。其相关资料应归入检验记录档案。

4.2.2 产品检验

产品检验应遵循本文件附件的规定。认证机构应从国家认监委公布的《饲料产品认证检验机构名单》中选择检验机构承担检验工作。

检验机构应当在30个工作日内完成检验。

4.2.2.1 检验依据标准

检验依据标准为《饲料产品认证目录》中规定的产品标准。

4.2.2.2 检验项目

初审检验项目和监督检验项目按《饲料产品认证目录》中规定的项目。必要时,认证机构可以增加检验项目。

4.2.2.3 检验方法

检验方法按《饲料产品认证检验方法》及产品标准中的检验方法。

4.2.3 利用其他检验结果

如果申请人能就认证产品单元的产品提供满足以下规定的检

验报告，认证机构可以此检验报告作为该产品抽样检验的结果。

a. 检验报告由《饲料产品认证检验机构名单》中的检验机构出具；

b. 检验报告中所示检验依据标准、检验项目、检验方法和抽样方法符合本文件 4.2.2.1、4.2.2.2、4.2.2.3 和 4.2.1.2 的规定；

c. 检验报告的签发日期为最近 6 个月内；

d. 检验样本由第三方抽取的；

如果申请人提供的检验报告仅在检验项目方面不满足本文件 4.2.2.2 的规定，则认证机构应按本文件规定补充检验缺失的项目，其他项目检验结果可利用上述报告的结果。

4.3 企业现场检查

4.3.1 检查内容

企业现场检查的内容为工厂的质量保证能力。有相关的法律、法规和技术规范要求的，认证机构必须遵照检查。

4.3.1.1 工厂质量保证能力检查

认证机构应委派检查员按照《工厂质量保证能力要求》对企业进行工厂质量保证能力的检查。

4.3.1.2 企业现场检查结果

企业现场检查结果有以下三种：

a）如果检查过程未发现不符合项，则判定为企业现场检查符合要求；

b）如果发现一般不符合项，但不危及到认证产品符合标准时，生产厂应在规定的时间内采取纠正措施。报检查组确认纠正措施有效后，可判定为企业现场检查符合要求；

c）如发现严重不符合项，足以导致生产厂的质量保证能力不具备生产满足认证要求的产品时,可判定为企业现场检查不符合要求。

4.3.2 企业现场检查所需时间

企业现场检查一般在产品抽样检验合格后进行,特殊情况下也可以与产品抽样检验同时进行。

现场检查时间应根据企业生产规模和认证产品单元的数量确定。对于获得质量体系认证的企业,现场检查时间可酌情减少。企业现场检查时间不得少于 2 个人日。

4.4 认证结果评价与批准

认证机构应对产品抽样检验和企业现场检查的结果进行综合评价,由认证机构负责人批准并颁发认证证书(每一个申请单元颁发一张证书)。

认证证书的使用应符合《饲料产品认证管理办法》的要求。认证机构应当将本机构空白证书样本报国家认监委备案。

4.5 认证后的跟踪检查

认证后的跟踪检查方式采用工厂质量保证能力监督检查+产品监督检验。

4.5.1 跟踪检查的频次

工厂质量保证能力监督检查每年至少进行一次,间隔不超过 12 个月。必要时,认证机构可以根据情况增加监督检查的频次。产品监督检验每年至少进行一次。

4.5.2 跟踪检查的内容

4.5.2.1 工厂质量保证能力监督检查

认证机构应按《工厂质量保证能力要求》的规定进行监督检查。《工厂质量保证能力要求》中的第 3、4、5、9 条是每次监督检查时必查的项目,其他项目可以选查。

在证书有效期内,工厂质量保证能力监督检查应至少覆盖

《工厂质量保证能力要求》中的全部要求，以确保质量保证能力的持续有效。

监督检查时间根据企业生产规模和认证产品单元的数量多少来确定。工厂质量保证能力监督检查时间不得少于1个人日。

4.5.2.2 产品监督检验

每次的产品监督检验应对证书覆盖产品的1/3以上进行产品监督检验。

产品监督检验应在证书有效期内对其覆盖的所有产品检验一遍。

产品监督检验抽取的样本应当送到《饲料产品认证检验机构名单》中的检验机构进行检验。

检验机构应当在20个工作日内完成检验。

监督检验项目按《饲料产品认证目录》中规定的项目进行检验。必要时，认证机构可以增加检验项目。

检验样本应在工厂成品仓库的合格品中随机抽取。

4.5.2.3 利用其他检验结果

按4.2.3执行。

4.5.3 认证后的跟踪检查结果的评价

工厂质量保证能力监督检查和产品监督检验的结果由认证机构进行评价。

评价合格者，可以继续保持认证资格、使用认证标志。若在跟踪检查时发现不符要求的，则应在规定的时间内完成纠正措施。逾期将撤销认证证书、停止使用认证标志，并对外公告。

4.5.4 认证范围的扩展

需要扩展的产品与已获得认证的产品为同一单元时，应从认证申请开始办理手续，认证机构应检查扩展的产品与已认证产品的一致性,确认原认证结果对扩展产品的有效性,针对差异做补充检验和(或)检查。

如果扩展的产品与已获得认证的产品不为同一单元时,应按初次认证的产品对待。

5. 认证证书

5.1 认证证书的保持

5.1.1 证书的有效性

饲料产品认证证书的有效期为3年。认证机构每年通过跟踪检查来确保饲料产品生产质量的持续有效性。认证机构对拒绝跟踪检查者,有权撤销其认证证书。

5.1.2 认证证书的变更

5.1.2.1 当认证产品的企业组织机构、法人、认证产品的商标、名称、型号发生变更时,证书持有者应通知认证机构,认证机构对变更内容和提供的资料进行评审,对符合要求的,换发新的证书,新证书的编号、有效日期不变。

5.1.2.2 认证条件发生变化时,认证机构应及时通知认证产品的企业,并要求其按照新的条件进行整改。在规定期限内,符合要求的,批准换发新的证书,新证书的编号、有效日期不变。

5.2 认证证书的暂停、注销和撤消

按《饲料产品认证管理办法》的要求执行。

5.3 认证的复评

认证证书有效期截止前3个月,证书持有者可申请复评,复评程序同初次认证。

6. 饲料产品认证标志的使用

6.1 准许使用的标志样式

在使用认证标志时,必须在认证标志下标注认证机构名称。

6.2 变形认证标志的使用

不允许使用任何形式的变形认证标志。

6.3 标注方式

认证证书持有人应在获得认证的产品最终包装物上标注认证标志。认证机构应当对证书持有人使用认证标志的情况进行有效管理。

7. 收费

认证收费由认证机构按照《国家计委国家质量技术监督局关于印发产品质量认证收费管理办法和收费标准的通知》（计价格〔1999〕1610号）有关规定统一收取。

附件1：饲料产品认证目录（略）

附件2：饲料产品认证检验方法（略）

附件3：饲料产品认证采样方法（略）

附件4：工厂质量保证能力要求（略）

进口饲料和饲料添加剂登记管理办法

中华人民共和国农业部令

2014 年第 2 号

《进口饲料和饲料添加剂登记管理办法》业经 2013 年 12 月 27 日农业部第 11 次常务会议审议通过，现予公布，自 2014 年 7 月 1 日起施行。农业部 2000 年 8 月 17 日公布、2004 年 7 月 1 日修订的《进口饲料和饲料添加剂登记管理办法》同时废止。

农业部部长

2014 年 1 月 13 日

第一条 为加强进口饲料、饲料添加剂监督管理，保障动物产品质量安全，根据《饲料和饲料添加剂管理条例》，制定本办法。

第二条 本办法所称饲料，是指经工业化加工、制作的供动物食用的产品，包括单一饲料、添加剂预混合饲料、浓缩饲料、配合饲料和精料补充料。

本办法所称饲料添加剂，是指在饲料加工、制作、使用过程中添加的少量或者微量物质，包括营养性饲料添加剂和一般饲料添加剂。

第三条 境外企业首次向中国出口饲料、饲料添加剂，应当向农业部申请进口登记，取得饲料、饲料添加剂进口登记证；未取得进口登记证的,不得在中国境内销售、使用。

第四条 境外企业申请进口登记,应当委托中国境内代理机构办理。

第五条 申请进口登记的饲料、饲料添加剂,应当符合生产地和中国的相关法律法规、技术规范的要求。

生产地未批准生产、使用或者禁止生产、使用的饲料、饲料添加剂,不予登记。

第六条 申请饲料、饲料添加剂进口登记,应当向农业部提交真实、完整、规范的申请资料(中英文对照,一式两份)和样品。

第七条 申请资料包括:

(一)饲料、饲料添加剂进口登记申请表;

(二)委托书和境内代理机构资质证明:境外企业委托其常驻中国代表机构代理登记的,应当提供委托书原件和《外国企业常驻中国代表机构登记证》复印件;委托境内其他机构代理登记的,应当提供委托书原件和代理机构法人营业执照复印件;

(三)生产地批准生产、使用的证明,生产地以外其他国家、地区的登记资料,产品推广应用情况;

(四)进口饲料的产品名称、组成成分、理化性质、适用范围、使用方法;进口饲料添加剂的产品名称、主要成分、理化性质、产品来源、使用目的、适用范围、使用方法;

(五)生产工艺、质量标准、检测方法和检验报告;

(六)生产地使用的标签、商标和中文标签式样;

(七)微生物产品或者发酵制品,还应当提供权威机构出具的菌株保藏证明。

向中国出口本办法第十三条规定的饲料、饲料添加剂的,还应当提交以下申请资料：

（一）有效组分的化学结构鉴定报告或动物、植物、微生物的分类鉴定报告；

（二）农业部指定的试验机构出具的产品有效性评价试验报告、安全性评价试验报告（包括靶动物耐受性评价报告、毒理学安全评价报告、代谢和残留评价报告等）；申请饲料添加剂进口登记的，还应当提供该饲料添加剂在养殖产品中的残留可能对人体健康造成影响的分析评价报告；

（三）稳定性试验报告、环境影响报告；

（四）在饲料产品中有最高限量要求的，还应当提供最高限量值和有效组分在饲料产品中的检测方法。

第八条 产品样品应当符合以下要求：

（一）每个产品提供3个批次、每个批次2份的样品，每份样品不少于检测需要量的5倍；

（二）必要时提供相关的标准品或者化学对照品。

第九条 农业部自受理申请之日起10个工作日内对申请资料进行审查；审查合格的，通知申请人将样品交由农业部指定的检验机构进行复核检测。

第十条 复核检测包括质量标准复核和样品检测。检测方法有国家标准和行业标准的，优先采用国家标准或者行业标准；没有国家标准和行业标准的，采用申请人提供的检测方法；必要时，检验机构可以根据实际情况对检测方法进行调整。

检验机构应当在3个月内完成复核检测工作，并将复核检测报告报送农业部，同时抄送申请人。

第十一条 境外企业对复核检测结果有异议的，应当自收到复核检测报告之日起15个工作日内申请复检。

第十二条 复核检测合格的,农业部在10个工作日内核发饲料、饲料添加剂进口登记证,并予以公告。

第十三条 申请进口登记的饲料、饲料添加剂有下列情形之一的,由农业部依照新饲料、新饲料添加剂的评审程序组织评审:

(一)向中国出口中国境内尚未使用但生产地已经批准生产和使用的饲料、饲料添加剂的;

(二)饲料添加剂扩大适用范围的;

(三)饲料添加剂含量规格低于饲料添加剂安全使用规范要求的,但由饲料添加剂与载体或者稀释剂按照一定比例配制的除外;

(四)饲料添加剂生产工艺发生重大变化的;

(五)农业部已核发新饲料、新饲料添加剂证书的产品,自获证之日起超过3年未投入生产的;

(六)存在质量安全风险的其他情形。

第十四条 饲料、饲料添加剂进口登记证有效期为5年。

饲料、饲料添加剂进口登记证有效期满需要继续向中国出口饲料、饲料添加剂的,应当在有效期届满6个月前申请续展。

第十五条 申请续展应当提供以下资料:

(一)进口饲料、饲料添加剂续展登记申请表;

(二)进口登记证复印件;

(三)委托书和境内代理机构资质证明;

(四)生产地批准生产、使用的证明;

(五)质量标准、检测方法和检验报告;

(六)生产地使用的标签、商标和中文标签式样。

第十六条 有下列情形之一的,申请续展时还应当提交样品进行复核检测:

(一)根据相关法律法规、技术规范,需要对产品质量安全检测项目进行调整的；

（二）产品检测方法发生改变的；

（三）监督抽查中有不合格记录的。

第十七条 进口登记证有效期内，进口饲料、饲料添加剂的生产场所迁址，或者产品质量标准、生产工艺、适用范围等发生变化的，应当重新申请登记。

第十八条 进口饲料、饲料添加剂在进口登记证有效期内有下列情形之一的，应当申请变更登记：

（一）产品的中文或外文商品名称改变的；

（二）申请企业名称改变的；

（三）生产厂家名称改变的；

（四）生产地址名称改变的。

第十九条 申请变更登记应当提供以下资料：

（一）进口饲料、饲料添加剂变更登记申请表；

（二）委托书和境内代理机构资质证明；

（三）进口登记证原件；

（四）变更说明及相关证明文件。

农业部在受理变更登记申请后 10 个工作日内作出是否准予变更的决定。

第二十条 从事进口饲料、饲料添加剂登记工作的相关单位和人员，应当对申请人提交的需要保密的技术资料保密。

第二十一条 境外企业应当依法在中国境内设立销售机构或者委托符合条件的中国境内代理机构销售进口饲料、饲料添加剂。

境外企业不得直接在中国境内销售进口饲料、饲料添加剂。

第二十二条 境外企业应当在取得饲料、饲料添加剂进口登记证之日起 6 个月内，在中国境内设立销售机构或者委托销售代理机构并报农业部备案。

前款规定的销售机构或者销售代理机构发生变更的，应当在1个月内报农业部重新备案。

第二十三条 进口饲料、饲料添加剂应当包装，包装应当符合中国有关安全、卫生的规定，并附具符合规定的中文标签。

第二十四条 进口饲料、饲料添加剂在使用过程中被证实对养殖动物、人体健康或环境有害的，由农业部公告禁用并撤销进口登记证。

饲料、饲料添加剂进口登记证有效期内，生产地禁止使用该饲料、饲料添加剂产品或者撤销其生产、使用许可的，境外企业应当立即向农业部报告，由农业部撤销进口登记证并公告。

第二十五条 境外企业发现其向中国出口的饲料、饲料添加剂对养殖动物、人体健康有害或者存在其他安全隐患的，应当立即通知其在中国境内的销售机构或者销售代理机构，并向农业部报告。

境外企业在中国境内的销售机构或者销售代理机构应当主动召回前款规定的产品，记录召回情况，并向销售地饲料管理部门报告。

召回的产品应当在县级以上地方人民政府饲料管理部门监督下予以无害化处理或者销毁。

第二十六条 农业部和县级以上地方人民政府饲料管理部门，应当根据需要定期或者不定期组织实施进口饲料、饲料添加剂监督抽查；进口饲料、饲料添加剂监督抽查检测工作由农业部或者省、自治区、直辖市人民政府饲料管理部门指定的具有相应技术条件的机构承担。

进口饲料、饲料添加剂监督抽查检测，依据进口登记过程中复核检测确定的质量标准进行。

第二十七条 农业部和省级人民政府饲料管理部门应当及时公布监督抽查结果,并可以公布具有不良记录的境外企业及其销售机构、销售代理机构名单。

第二十八条 从事进口饲料、饲料添加剂登记工作的相关人员,不履行本办法规定的职责或者滥用职权、玩忽职守、徇私舞弊的,依法给予处分;构成犯罪的,依法追究刑事责任。

第二十九条 提供虚假资料、样品或者采取其他欺骗手段申请进口登记的,农业部对该申请不予受理或者不予批准,1年内不再受理该境外企业和登记代理机构的进口登记申请。

提供虚假资料、样品或者采取其他欺骗方式取得饲料、饲料添加剂进口登记证的,由农业部撤销进口登记证,对登记代理机构处5万元以上10万元以下罚款,3年内不再受理该境外企业和登记代理机构的进口登记申请。

第三十条 其他违反本办法的行为,依照《饲料和饲料添加剂管理条例》的有关规定处罚。

第三十一条 本办法自2014年7月1日起施行。农业部2000年8月17日公布、2004年7月1日修订的《进口饲料和饲料添加剂登记管理办法》同时废止。

进出口饲料和饲料添加剂检验检疫监督管理办法

国家质量监督检验检疫总局令

第 118 号

《进出口饲料和饲料添加剂检验检疫监督管理办法》已经 2009 年 2 月 23 日国家质量监督检验检疫总局局务会议审议通过，现予公布，自 2009 年 9 月 1 日起施行。

国家质量监督检验检疫总局局长
二〇〇九年七月二十日

第一章 总 则

第一条 为规范进出口饲料和饲料添加剂的检验检疫监督管理工作，提高进出口饲料和饲料添加剂安全水平，保护动物和人体健康，根据《中华人民共和国进出境动植物检疫法》及其实施条例、《中华人民共和国进出口商品检验法》及其实施条例、《国务院关于加强食品等产品安全监督管理的特别规定》等有关法律法规规定,制定本办法。

第二条 本办法适用于进口、出口及过境饲料和饲料添加剂(以下简称饲料)的检验检疫和监督管理。

作饲料用途的动植物及其产品按照本办法的规定管理。

药物饲料添加剂不适用本办法。

第三条 国家质量监督检验检疫总局(以下简称国家质检总局)统一管理全国进出口饲料的检验检疫和监督管理工作。

国家质检总局设在各地的出入境检验检疫机构(以下简称检验检疫机构)负责所辖区域进出口饲料的检验检疫和监督管理工作。

第二章 风险管理

第四条 国家质检总局对进出口饲料实施风险管理,包括在风险分析的基础上,对进出口饲料实施的产品风险分级、企业分类、监管体系审查、风险监控、风险警示等措施。

第五条 检验检疫机构按照进出口饲料的产品风险级别,采取不同的检验检疫监管模式并进行动态调整。

第六条 检验检疫机构根据进出口饲料的产品风险级别、企业诚信程度、安全卫生控制能力、监管体系有效性等,对注册登记的境外生产、加工、存放企业(以下简称境外生产企业)和国内出口饲料生产、加工、存放企业(以下简称出口生产企业)实施企业分类管理,采取不同的检验检疫监管模式并进行动态调整。

第七条 国家质检总局按照饲料产品种类分别制定进口饲料的检验检疫要求。对首次向中国出口饲料的国家或者地区进行风险分析，对曾经或者正在向中国出口饲料的国家或者地区进行回顾性审查，重点审查其饲料安全监管体系。根据风险分析或者回顾性审查结果，制定调整并公布允许进口饲料的国家或者地区名单和饲料产品种类。

第八条 国家质检总局对进出口饲料实施风险监控，制定进出口饲料年度风险监控计划，编制年度风险监控报告。直属检验检疫局结合本地实际情况制定具体实施方案并组织实施。

第九条 国家质检总局根据进出口饲料安全形势、检验检疫中发现的问题、国内外相关组织机构通报的问题以及国内外市场发生的饲料安全问题，在风险分析的基础上及时发布风险警示信息。

第三章　进口检验检疫

第一节　注册登记

第十条 国家质检总局对允许进口饲料的国家或者地区的生产企业实施注册登记制度，进口饲料应当来自注册登记的境外生产企业。

第十一条 境外生产企业应当符合输出国家或者地区法律法规和标准的相关要求，并达到与中国有关法律法规和标准的等效要求，经输出国家或者地区主管部门审查合格后向国家质检总局推荐。推荐材料应当包括：

（一）企业信息：企业名称、地址、官方批准编号；

（二）注册产品信息：注册产品名称、主要原料、用途等；

（三）官方证明：证明所推荐的企业已经主管部门批准，其产品允许在输出国家或者地区自由销售。

第十二条 国家质检总局应当对推荐材料进行审查。

审查不合格的，通知输出国家或者地区主管部门补正。

审查合格的，经与输出国家或者地区主管部门协商后，国家质检总局派出专家到输出国家或者地区对其饲料安全监管体系进行审查，并对申请注册登记的企业进行抽查。对抽查不符合要求的企业，不予注册登记，并将原因向输出国家或者地区主管部门通报；对抽查符合要求的及未被抽查的其他推荐企业，予以注册登记，并在国家质检总局官方网站上公布。

第十三条 注册登记的有效期为5年。

需要延期的境外生产企业，由输出国家或者地区主管部门在有效期届满前6个月向国家质检总局提出延期。必要时，国家质检总局可以派出专家到输出国家或者地区对其饲料安全监管体系进行回顾性审查，并对申请延期的境外生产企业进行抽查，对抽查符合要求的及未被抽查的其他申请延期境外生产企业，注册登记有效期延长5年。

第十四条 经注册登记的境外生产企业停产、转产、倒闭或者被输出国家或者地区主管部门吊销生产许可证、营业执照的，国家质检总局注销其注册登记。

第二节　检验检疫

第十五条 进口饲料需要办理进境动植物检疫许可证的，应当按照相关规定办理进境动植物检疫许可证。

第十六条 货主或者其代理人应当在饲料入境前或者入境时向检验检疫机构报检，报检时应当提供原产地证书、贸易合同、信用证、提单、发票等，并根据对产品的不同要求提供进境动植物检疫许可证、输出国家或者地区检验检疫证书、《进口饲料和饲料添加剂产品登记证》（复印件）。

第十七条 检验检疫机构按照以下要求对进口饲料实施检验检疫：

（一）中国法律法规、国家强制性标准和国家质检总局规定的检验检疫要求；

（二）双边协议、议定书、备忘录；

（三）《进境动植物检疫许可证》列明的要求。

第十八条 检验检疫机构按照下列规定对进口饲料实施现场查验：

（一）核对货证：核对单证与货物的名称、数（重）量、包装、生产日期、集装箱号码、输出国家或者地区、生产企业名称和注册登记号等是否相符；

（二）标签检查：标签是否符合饲料标签国家标准；

（三）感官检查：包装、容器是否完好，是否超过保质期，有无腐败变质，有无携带有害生物，有无土壤、动物尸体、动物排泄物等禁止进境物。

第十九条 现场查验有下列情形之一的，检验检疫机构签发《检验检疫处理通知单》，由货主或者其代理人在检验检疫机构的监督下，作退回或者销毁处理：

（一）输出国家或者地区未被列入允许进口的国家或者地区名单的；

（二）来自非注册登记境外生产企业的产品；

（三）来自注册登记境外生产企业的非注册登记产品；

（四）货证不符的；

（五）标签不符合标准且无法更正的；

（六）超过保质期或者腐败变质的；

（七）发现土壤、动物尸体、动物排泄物、检疫性有害生物，无法进行有效的检疫处理的。

第二十条 现场查验发现散包、容器破裂的，由货主或者代理人负责整理完好。包装破损且有传播动植物疫病风险的，应当对所污染的场地、物品、器具进行检疫处理。

第二十一条 检验检疫机构对来自不同类别境外生产企业的产品按照相应的检验检疫监管模式抽取样品，出具《抽/采样凭证》，送实验室进行安全卫生项目的检测。

被抽取样品送实验室检测的货物，应当调运到检验检疫机构指定的待检存放场所等待检测结果。

第二十二条 经检验检疫合格的，检验检疫机构签发《入境货物检验检疫证明》，予以放行。

经检验检疫不合格的，检验检疫机构签发《检验检疫处理通知书》，由货主或者其代理人在检验检疫机构的监督下，作除害、退回或者销毁处理，经除害处理合格的准予进境；需要对外索赔的，由检验检疫机构出具相关证书。检验检疫机构应当将进口饲料检验检疫不合格信息上报国家质检总局。

第二十三条 货主或者其代理人未取得检验检疫机构出具的《入境货物检验检疫证明》前，不得擅自转移、销售、使用进口饲料。

第二十四条 进口饲料分港卸货的，先期卸货港检验检疫机构应当以书面形式将检验检疫结果及处理情况及时通知其他分卸港所在地检验检疫机构；需要对外出证的，由卸毕港检验检疫机构汇总后出具证书。

第三节 监督管理

第二十五条 进口饲料包装上应当有中文标签，标签应当符合中国饲料标签国家标准。

散装的进口饲料，进口企业应当在检验检疫机构指定的场所包装并加施饲料标签后方可入境，直接调运到检验检疫机构指定的生产、加工企业用于饲料生产的，免予加施标签。

国家对进口动物源性饲料的饲用范围有限制的，进入市场销售的动物源性饲料包装上应当注明饲用范围。

第二十六条 检验检疫机构对饲料进口企业（以下简称进口企业）实施备案管理。进口企业应当在首次报检前或者报检时提供营业执照复印件向所在地检验检疫机构备案。

第二十七条 进口企业应当建立经营档案，记录进口饲料的报检号、品名、数/重量、包装、输出国家或者地区、国外出口商、境外生产企业名称及其注册登记号、《入境货物检验检疫证明》、进口饲料流向等信息，记录保存期限不得少于2年。

第二十八条 检验检疫机构对备案进口企业的经营档案进行定期审查，审查不合格的，将其列入不良记录企业名单，对其进口的饲料加严检验检疫。

第二十九条 国外发生的饲料安全事故涉及已经进口的饲料、国内有关部门通报或者用户投诉进口饲料出现安全卫生问题的，检验检疫机构应当开展追溯性调查，并按照国家有关规定进行处理。

进口的饲料存在前款所列情形，可能对动物和人体健康和生命安全造成损害的，饲料进口企业应当主动召回，并向检验检疫机构报告。进口企业不履行召回义务的，检验检疫机构可以责令进口企业召回并将其列入不良记录企业名单。

第四章 出口检验检疫

第一节 注册登记

第三十条 国家质检总局对出口饲料的出口生产企业实施注册登记制度，出口饲料应当来自注册登记的出口生产企业。

第三十一条 申请注册登记的企业应当符合下列条件：

（一）厂房、工艺、设备和设施。

1. 厂址应当避开工业污染源，与养殖场、屠宰场、居民点保持适当距离；

2. 厂房、车间布局合理，生产区与生活区、办公区分开；

3. 工艺设计合理，符合安全卫生要求；

4. 具备与生产能力相适应的厂房、设备及仓储设施；

5. 具备有害生物（啮齿动物、苍蝇、仓储害虫、鸟类等）防控设施。

（二）具有与其所生产产品相适应的质量管理机构和专业技术人员。

（三）具有与安全卫生控制相适应的检测能力。

（四）管理制度。

1. 岗位责任制度；

2. 人员培训制度；

3. 从业人员健康检查制度；

4. 按照危害分析与关键控制点（HACCP）原理建立质量管理

体系，在风险分析的基础上开展自检自控；

5. 标准卫生操作规范（SSOP）；

6. 原辅料、包装材料合格供应商评价和验收制度；

7. 饲料标签管理制度和产品追溯制度；

8. 废弃物、废水处理制度；

9. 客户投诉处理制度；

10. 质量安全突发事件应急管理制度。

（五）国家质检总局按照饲料产品种类分别制定的出口检验检疫要求。

第三十二条 出口生产企业应当向所在地直属检验检疫局申请注册登记，并提交下列材料（一式三份）：

（一）《出口饲料生产、加工、存放企业检验检疫注册登记申请表》；

（二）工商营业执照（复印件）；

（三）组织机构代码证（复印件）；

（四）国家饲料主管部门有审查、生产许可、产品批准文号等要求的，须提供获得批准的相关证明文件；

（五）涉及环保的，须提供县级以上环保部门出具的证明文件；

（六）第三十一条（四）规定的管理制度；

（七）生产工艺流程图，并标明必要的工艺参数（涉及商业秘密的除外）；

（八）厂区平面图及彩色照片（包括厂区全貌、厂区大门、主要设备、实验室、原料库、包装场所、成品库、样品保存场所、档案保存场所等）；

（九）申请注册登记的产品及原料清单。

第三十三条 直属检验检疫局应当对申请材料及时进行审查,根据下列情况在 5 日内作出受理或者不予受理决定,并书面通知申请人:

(一) 申请材料存在可以当场更正的错误的,允许申请人当场更正;

(二) 申请材料不齐全或者不符合法定形式的,应当当场或者在 5 日内一次书面告知申请人需要补正的全部内容,逾期不告知的,自收到申请材料之日起即为受理;

(三) 申请材料齐全、符合法定形式或者申请人按照要求提交全部补正申请材料的,应当受理申请。

第三十四条 直属检验检疫局应当在受理申请后 10 日内组成评审组,对申请注册登记的出口生产企业进行现场评审。

第三十五条 评审组应当在现场评审结束后及时向直属检验检疫局提交评审报告。

第三十六条 直属检验检疫局收到评审报告后,应当在 10 日内分别做出下列决定:

(一) 经评审合格的,予以注册登记,颁发《出口饲料生产、加工、存放企业检验检疫注册登记证》(以下简称《注册登记证》),自做出注册登记决定之日起 10 日内,送达申请人;

(二) 经评审不合格的,出具《出口饲料生产、加工、存放企业检验检疫注册登记未获批准通知书》。

第三十七条 《注册登记证》自颁发之日起生效,有效期 5 年。

属于同一企业、位于不同地点、具有独立生产线和质量管理体系的出口生产企业应当分别申请注册登记。

每一注册登记出口生产企业使用一个注册登记编号。经注册登记的出口生产企业的注册登记编号专厂专用。

第三十八条 出口生产企业变更企业名称、法定代表人、产品品种、生产能力等的,应当在变更后30日内向所在地直属检验检疫局提出书面申请,填写《出口饲料生产、加工、存放企业检验检疫注册登记申请表》,并提交与变更内容相关的资料(一式三份)。

变更企业名称、法定代表人的,由直属检验检疫局审核有关资料后,直接办理变更手续。

变更产品品种或者生产能力的,由直属检验检疫局审核有关资料并组织现场评审,评审合格后,办理变更手续。

企业迁址的,应当重新向直属检验检疫局申请办理注册登记手续。

因停产、转产、倒闭等原因不再从事出口饲料业务的,应当向所在地直属检验检疫局办理注销手续。

第三十九条 获得注册登记的出口生产企业需要延续注册登记有效期的,应当在有效期届满前3个月按照本办法规定提出申请。

第四十条 直属检验检疫局应当在完成注册登记、变更或者注销工作后30日内,将相关信息上报国家质检总局备案。

第四十一条 进口国家或者地区要求提供注册登记的出口生产企业名单的,由直属检验检疫局审查合格后,上报国家质检总局。国家质检总局组织进行抽查评估后,统一向进口国家或者地区主管部门推荐并办理有关手续。

第二节　检验检疫

第四十二条 检验检疫机构按照下列要求对出口饲料实施检

验检疫：

（一）输入国家或者地区检验检疫要求；

（二）双边协议、议定书、备忘录；

（三）中国法律法规、强制性标准和国家质检总局规定的检验检疫要求；

（四）贸易合同或者信用证注明的检疫要求。

第四十三条 饲料出口前，货主或者代理人应当向产地检验检疫机构报检，并提供贸易合同、信用证、《注册登记证》（复印件）、出厂合格证明等单证。检验检疫机构对所提供的单证进行审核，符合要求的受理报检。

第四十四条 受理报检后，检验检疫机构按照下列规定实施现场检验检疫：

（一）核对货证：核对单证与货物的名称、数（重）量、生产日期、批号、包装、唛头、出口生产企业名称或者注册登记号等是否相符；

（二）标签检查：标签是否符合要求；

（三）感官检查：包装、容器是否完好，有无腐败变质，有无携带有害生物，有无土壤、动物尸体、动物排泄物等。

第四十五条 检验检疫机构对来自不同类别出口生产企业的产品按照相应的检验检疫监管模式抽取样品，出具《抽/采样凭证》，送实验室进行安全卫生项目的检测。

第四十六条 经检验检疫合格的，检验检疫机构出具《出境货物通关单》或者《出境货物换证凭单》、检验检疫证书等相关证书；检验检疫不合格的，经有效方法处理并重新检验检疫合格的，可以按照规定出具相关单证，予以放行；无有效方法处理或者虽经处理重新检验检疫仍不合格的，不予放行，并出具《出境货物不合格通知单》。

第四十七条 出境口岸检验检疫机构按照出境货物换证查验的相关规定查验，重点检查货证是否相符。查验合格的，凭产地检验检疫机构出具的《出境货物换证凭单》或者电子转单换发《出境货物通关单》。查验不合格的，不予放行。

第四十八条 产地检验检疫机构与出境口岸检验检疫机构应当及时交流信息。

在检验检疫过程中发现安全卫生问题，应当采取相应措施，并及时上报国家质检总局。

第三节　监督管理

第四十九条 取得注册登记的出口饲料生产、加工企业应当遵守下列要求：

（一）有效运行自检自控体系。

（二）按照进口国家或者地区的标准或者合同要求生产出口产品。

（三）遵守我国有关药物和添加剂管理规定，不得存放、使用我国和进口国家或者地区禁止使用的药物和添加物。

（四）出口饲料的包装、装载容器和运输工具应当符合安全卫生要求。标签应当符合进口国家或者地区的有关要求。包装或者标签上应当注明生产企业名称或者注册登记号、产品用途。

（五）建立企业档案，记录生产过程中使用的原辅料名称、数（重）量及其供应商、原料验收、半产品及成品自检自控、入库、出库、出口、有害生物控制、产品召回等情况，记录档案至少保存2年。

（六）如实填写《出口饲料监管手册》，记录检验检疫机构监管、抽样、检查、年审情况以及国外官方机构考察等内容。

取得注册登记的饲料存放企业应当建立企业档案，记录存放饲料名称、数/重量、货主、入库、出库、有害生物防控情况，记录档案至少保留2年。

第五十条 检验检疫机构对辖区内注册登记的出口生产企业实施日常监督管理，内容包括：

（一）环境卫生；

（二）有害生物防控措施；

（三）有毒有害物质自检自控的有效性；

（四）原辅料或者其供应商变更情况；

（五）包装物、铺垫材料和成品库；

（六）生产设备、用具、运输工具的安全卫生；

（七）批次及标签管理情况；

（八）涉及安全卫生的其他内容；

（九）《出口饲料监管手册》记录情况。

第五十一条 检验检疫机构对注册登记的出口生产企业实施年审，年审合格的在《注册登记证》（副本）上加注年审合格记录。

第五十二条 检验检疫机构对饲料出口企业（以下简称出口企业）实施备案管理。出口企业应当在首次报检前或者报检时提供营业执照复印件向所在地检验检疫机构备案。

出口与生产为同一企业的，不必办理备案。

第五十三条 出口企业应当建立经营档案并接受检验检疫机构的核查。档案应当记录出口饲料的报检号、品名、数（重）量、包装、进口国家或者地区、国外进口商、供货企业名称及其注册登记号、《出境货物通关单》等信息，档案至少保留2年。

第五十四条 检验检疫机构应当建立注册登记的出口生产企业以及出口企业诚信档案,建立良好记录企业名单和不良记录企业名单。

第五十五条 出口饲料被国内外检验检疫机构检出疫病、有毒有害物质超标或者其他安全卫生质量问题的,检验检疫机构核实有关情况后,实施加严检验检疫监管措施。

第五十六条 注册登记的出口生产企业和备案的出口企业发现其生产、经营的相关产品可能受到污染并影响饲料安全,或者其出口产品在国外涉嫌引发饲料安全事件时,应当在 24 小时内报告所在地检验检疫机构,同时采取控制措施,防止不合格产品继续出厂。检验检疫机构接到报告后,应当于 24 小时内逐级上报至国家质检总局。

第五十七条 已注册登记的出口生产企业发生下列情况之一的,由直属检验检疫局撤回其注册登记:

(一)准予注册登记所依据的客观情况发生重大变化,达不到注册登记条件要求的;

(二)注册登记内容发生变更,未办理变更手续的;

(三)年审不合格的。

第五十八条 有下列情形之一的,直属检验检疫局根据利害关系人的请求或者依据职权,可以撤销注册登记:

(一)直属检验检疫局工作人员滥用职权、玩忽职守作出准予注册登记的;

(二)超越法定职权作出准予注册登记的;

(三)违反法定程序作出准予注册登记的;

(四)对不具备申请资格或者不符合法定条件的出口生产企业准予注册登记的;

（五）依法可以撤销注册登记的其他情形。

出口生产企业以欺骗、贿赂等不正当手段取得注册登记的，应当予以撤销。

第五十九条 有下列情形之一的，直属检验检疫局应当依法办理注册登记的注销手续：

（一）注册登记有效期届满未延续的；

（二）出口生产企业依法终止的；

（三）企业因停产、转产、倒闭等原因不再从事出口饲料业务的；

（四）注册登记依法被撤销、撤回或者吊销的；

（五）因不可抗力导致注册登记事项无法实施的；

（六）法律、法规规定的应当注销注册登记的其他情形。

第五章 过境检验检疫

第六十条 运输饲料过境的，承运人或者押运人应当持货运单和输出国家或者地区主管部门出具的证书，向入境口岸检验检疫机构报检，并书面提交过境运输路线。

第六十一条 装载过境饲料的运输工具和包装物、装载容器应当完好，经入境口岸检验检疫机构检查，发现运输工具或者包装物、装载容器有可能造成途中散漏的，承运人或者押运人应当按照口岸检验检疫机构的要求，采取密封措施；无法采取密封措施的，不准过境。

第六十二条 输出国家或者地区未被列入第七条规定的允许进口的国家或者地区名单的，应当获得国家质检总局的批准方可过境。

第六十三条 过境的饲料，由入境口岸检验检疫机构查验单证，核对货证相符，加施封识后放行，并通知出境口岸检验检疫机构，由出境口岸检验检疫机构监督出境。

第六章 法律责任

第六十四条 有下列情形之一的，由检验检疫机构按照《国务院关于加强食品等产品安全监督管理的特别规定》予以处罚：

（一）存放、使用我国或者进口国家或者地区禁止使用的药物、添加剂以及其他原辅料的；

（二）以非注册登记饲料生产、加工企业生产的产品冒充注册登记出口生产企业产品的；

（三）明知有安全隐患，隐瞒不报，拒不履行事故报告义务继续进出口的；

（四）拒不履行产品召回义务的。

第六十五条 有下列情形之一的，由检验检疫机构按照《中华人民共和国进出境动植物检疫法实施条例》处3000元以上3万元以下罚款：

（一）未经检验检疫机构批准，擅自将进口、过境饲料卸离运输工具或者运递的；

（二）擅自开拆过境饲料的包装，或者擅自开拆、损毁动植物检疫封识或者标志的。

第六十六条 有下列情形之一的，依法追究刑事责任；尚不构成犯罪或者犯罪情节显著轻微依法不需要判处刑罚的，由检验检疫机构按照《中华人民共和国进出境动植物检疫法实施条例》处2万元以上5万元以下的罚款：

(一) 引起重大动植物疫情的;

(二) 伪造、变造动植物检疫单证、印章、标志、封识的。

第六十七条 有下列情形之一,有违法所得的,由检验检疫机构处以违法所得 3 倍以下罚款,最高不超过 3 万元;没有违法所得的,处以 1 万元以下罚款:

(一) 使用伪造、变造的动植物检疫单证、印章、标志、封识的;

(二) 使用伪造、变造的输出国家或者地区主管部门检疫证明文件的;

(三) 使用伪造、变造的其他相关证明文件的;

(四) 拒不接受检验检疫机构监督管理的。

第六十八条 检验检疫机构工作人员滥用职权,故意刁难,徇私舞弊,伪造检验结果,或者玩忽职守,延误检验出证,依法给予行政处分;构成犯罪的,依法追究刑事责任。

第七章 附 则

第六十九条 本办法下列用语的含义是:

饲料:指经种植、养殖、加工、制作的供动物食用的产品及其原料,包括饵料用活动物、饲料用(含饵料用)冰鲜冷冻动物产品及水产品、加工动物蛋白及油脂、宠物食品及咬胶、饲草类、青贮料、饲料粮谷类、糠麸饼粕渣类、加工植物蛋白及植物粉类、配合饲料、添加剂预混合饲料等。

饲料添加剂:指饲料加工、制作、使用过程中添加的少量或者微量物质,包括营养性饲料添加剂、一般饲料添加剂等。

加工动物蛋白及油脂:包括肉粉(畜禽)、肉骨粉(畜禽)、鱼粉、鱼油、鱼膏、虾粉、鱿鱼肝粉、鱿鱼粉、乌贼膏、乌贼粉、鱼精粉、干贝精粉、血粉、血浆粉、血球粉、血细胞粉、血清粉、发酵血粉、动物下脚料粉、羽毛粉、水解羽毛粉、水解毛发蛋白粉、皮革蛋白粉、蹄粉、角粉、鸡杂粉、肠膜蛋白粉、明胶、乳清粉、乳粉、蛋粉、干蚕蛹及其粉、骨粉、骨灰、骨炭、骨制磷酸氢钙、虾壳粉、蛋壳粉、骨胶、动物油渣、动物脂肪、饲料级混合油、干虫及其粉等。

出厂合格证明：指注册登记的出口饲料或者饲料添加剂生产、加工企业出具的，证明其产品经本企业自检自控体系评定为合格的文件。

第七十条 本办法由国家质检总局负责解释。

第七十一条 本办法自 2009 年 9 月 1 日起施行。自施行之日起，进出口饲料有关检验检疫管理的规定与本办法不一致的，以本办法为准。

附 录

出入境粮食和饲料检验检疫管理办法

国家质量监督检验检疫总局令

第 7 号

《出入境粮食和饲料检验检疫管理办法》已经 2001 年 11 月 21 日国家质量监督检验检疫总局局务会议审议通过,现予发布,自 2002 年 3 月 1 日起施行。

国家质量监督检验检疫总局局长

二〇〇一年十二月四日

第一章 总 则

第一条 为加强出入境粮食和饲料的检验检疫管理,保护人体健康和动植物安全,根据《中华人民共和国进出口商品检验法》及其实施条例、《中华人民共和国进出境动植物检疫法》及其实施条例、《中华人民共和国食品卫生法》及有关法律法规的规定,制定本办法。

第二条 本办法适用于对以贸易方式和非贸易方式出入境(含过境)的粮食和饲料的检验检疫及监督管理。

第三条 本办法所称粮食是指禾谷类（如小麦、玉米、稻谷、大麦、黑麦、燕麦、高粱等）、豆类（如大豆、绿豆、豌豆、赤豆、蚕豆、鹰嘴豆等）、薯类（如马铃薯、木薯、甘薯等）等粮食作物的籽实（非繁殖用）及其加工产品（如大米、麦芽、面粉等）；饲料是指粮食、油料经加工后的副产品（如麦麸、豆饼、豆粕等）。

第四条 国家质量监督检验检疫总局（以下简称国家质检总局）统一管理全国出入境粮食和饲料的检验检疫和监督管理工作，国家质检总局设在各地的出入境检验检疫机构（以下简称检验检疫机构），负责各自辖区内的出入境粮食和饲料的检验检疫和监督管理工作。

第二章 检疫审批

第五条 国家质检总局对入境粮食和饲料实行检疫审批制度。货主或者其代理人应在签订贸易合同前办理检审批手续。

第六条 办理检疫审批手续的程序是：

（一）货主或者其代理人应事先填写《中华人民共和国进境动植物检疫许可证申请表》，向入境口岸所在地直属检验检疫机构申请初审，并提供进境后生产、加工地点及运输、加工等环节的防疫措施以及其他相关资料。

（二）直属检验检疫机构审查进口数量与加工、生产能力是否相符，运输、加工、处理等环节是否符合动植物检疫防疫和监管条件，符合要求的由直属检验检疫机构签署初审意见后报国家质检总局审批。

（三）经国家质检总局审核，对符合审批要求的，签发《中华人民共和国进境动植物检疫许可证》（以下简称《检疫许可证》);对不符合审批要求的,不予签发,并告知申请人不予签发的理由。

第七条 货主或者其代理人应将《检疫许可证》规定的入境粮食和饲料的检疫要求在贸易合同中列明。

第八条 有下列情况之一的,货主或者其代理人应重新办理《检疫许可证》:

(一)变更入境粮食和饲料的种类或增加重量超过10%的;

(二)变更输出国家或地区的;

(三)变更入境口岸的;

(四)超过《检疫许可证》有效期限的。

第三章 入境检验检疫

第九条 货主或者其代理人应当在粮食和饲料入境前向入境口岸检验检疫机构报检,并按要求提供以下证单:

(一)《检疫许可证》;

(二)贸易文件(贸易合同、信用证等)约定的检验方法标准或成本交样品;

(三)按规定应当提供的其他有关单证。

第十条 国家质检总局根据工作需要,视情况派检验检疫人员对输出粮食和饲料的国家或地区进行产地疫情调查和装船前预检监装。

第十一条 检验检疫机构对入境粮食和饲料按照下列要求实施检验检疫:

(一)中国政府与输出国家或地区政府签订的双边检验检疫协议、议定书、备忘录等规定的检验检疫要求;

(二)中国法律、行政法规和国家质检总局规定的检验检疫要求;

（三）《检疫许可证》列明的检疫要求；

（四）贸易合同中的其他检验检疫要求。

第十二条 使用船舶装载入境的粮食和饲料，经检验检疫机构在锚地对货物表层检验检疫合格后，方可进港卸货；特殊情况要求在靠泊后实施检验检疫的，须经检验检疫机构同意。

对于分港卸货的粮食和饲料，先期卸货港检验检疫机构只对本港所卸货物进行检验检疫，并将检验检疫结果以书面形式及时通知下一卸货港所在地检验检疫机构，需统一对外出证的，由卸毕港检验检疫机构汇总后出证。

第十三条 使用集装箱等其他方式装载入境的粮食和饲料，经检验检疫合格后方可运输、销售和使用。

第十四条 以原运输工具、原包装过境的粮食和饲料，检验检疫机构实施过境监督管理。

对改换运输工具、包装过境的粮食和饲料，按入境检验检疫要求办理。

属欧亚大陆桥国际集装箱运输过境的，按《关于欧亚大陆桥过境运输管理试行办法》办理。

第十五条 对经检验检疫合格的入境粮食和饲料，检验检疫机构签发进境货物检验检疫证明，准予其入境销售或使用。

第十六条 入境粮食和饲料经检验不符合本办法第十一条规定的检验要求，但可进行有效技术处理的，应当在检验检疫机构的监督下进行技术处理，经重新检验合格，签发进境货物检验检疫证明后，准予入境销售或使用。

第十七条 入境粮食和饲料经检验发现有害生物，具备有效除害处理方法的，由检验检疫机构出具《检验检疫处理通知书》和《植物检疫证书》，经除害处理合格后，方可销售或使用。

第十八条 入境粮食和饲料有下列情况之一的,按规定作退回、销毁处理:

(一)经检验发现不符合本办法第十一条规定的检验要求,且无法进行技术处理,或经技术处理后重新检验仍不合格的;

(二)经检疫发现土壤或检疫性有害生物,且无有效除害处理方法的。

第四章 出境检验检疫

第十九条 货主或者其代理人应当在粮食和饲料出境前向当地检验检疫机构报检。报检时除按规定提供有关单证外,还应提供贸易合同或信用证约定的检验检疫依据。

第二十条 装运出境粮食和饲料的船舶和集装箱,承运人、装箱单位或者其代理人应当在装运前向检验检疫机构申请适载检验,经检验检疫合格后方可装运。

第二十一条 检验检疫机构对出境粮食和饲料按照下列要求实施检验检疫:

(一)中国政府与输入国家或地区政府签订的双边检验检疫协议、议定书、备忘录等规定的检验检疫要求;

(二)中国法律、行政法规和国家质检总局规定的检验检疫要求;

(三)输入国家或地区入境粮食和饲料检疫要求和强制性检验要求;

(四)贸易合同或信用证订明的其他检验检疫要求。

第二十二条 对经检验检疫合格的出境粮食和饲料,检验检疫机构签发《出境货物通关单》或《出境货物换证凭单》;要求出具检验检疫证书的,同时出具检验检疫证书。

第二十三条 出境粮食和饲料检验有效期最长不超过两个月，检疫有效期一般为 21 天，黑龙江、吉林、辽宁、内蒙古和新疆地区冬季（11 月至次年 2 月底）可酌情延长至 35 天。

第二十四条 需经口岸检验检疫机构查验的出境粮食和饲料，货主或者其代理人应当在《出境货物换证凭单》有效期内向出境口岸检验检疫机构申报查验，经查验符合要求的，检验检疫机构签发《出境货物通关单》。超过《出境货物换证凭单》有效期的出境粮食和饲料，货主或者其代理人应当向出境口岸检验检疫机构重新报检。

第二十五条 检验检疫机构对检验检疫不合格的出境粮食和饲料，经有效方法处理并重新检验检疫合格后，按规定可出具相关单证；无有效方法处理或者虽经过处理但重新检验检疫仍不合格的，签发《出境货物不合格通知单》。

第五章 检验检疫监督管理

第二十六条 检验检疫机构对出入境粮食和饲料的生产、加工、装卸、运输、储存实施监督管理。

第二十七条 运往口岸检验检疫机构辖区以外的入境粮食和饲料，由指运地检验检疫机构实施监管，口岸检验检疫机构应及时通知指运地检验检疫机构。

第二十八条 出入境粮食和饲料发现重大疫情、质量及安全卫生问题的，检验检疫机构应采取必要的防疫措施和应急措施，并立即报告国家质检总局。

第六章 附 则

第二十九条 违反本办法规定的，依照《中华人民共和国进出口商品检验法》及其实施条例、《中华人民共和国进出境动植物检疫法》及其实施条例、《中华人民共和国食品卫生法》的有关规定予以处罚。

第三十条 本办法由国家质检总局负责解释。

第三十一条 本办法自 2002 年 3 月 1 日起施行。原有关出入境粮食和饲料检验检疫管理办法、规定与本办法不一致的,以本办法为准。

出口食用动物饲用饲料检验检疫管理办法

国家出入境检验检疫局

第 5 号

现发布《出口食用动物饲用饲料检验检疫管理办法》，自 2000 年 1 月 1 日起施行。

国家出入境检验检疫局局长
一九九九年十一月二十四日

第一章 总 则

第一条 为加强出口食用动物饲用饲料的检验检疫管理，确保出口食用动物的卫生质量，根据《中华人民共和国进出境动植物检疫法》、《中华人民共和国进出口商品检验法》、《中华人民共和国食品卫生法》、《兽药管理条例》、《饲料和饲料添加剂管理条例》等法律法规，制定本办法。

本办法所称出口食用动物是指出口（含供台港澳，下同）的供人类食用的活动物，如屠宰用家畜、家禽和水生动物、两栖动物、爬行动物等。

本办法所称饲料是指用于饲喂出口食用动物的饲料，包括单一饲料、配合饲料、添加剂预混合饲料、浓缩饲料、精料补充料、各类饲料药物、矿物质添加剂和饵料等。

本办法所称饲料生产企业是指生产的饲料用于饲喂出口食用动物的生产企业。

国家出入境检验检疫局（以下简称国家检验检疫局）统一管理全国出口食用动物饲用饲料的检验检疫和监督管理工作。国家检验检疫局设在各地的直属出入境检验检疫机构（以下简称直属检验检疫机构）负责各自辖区内出口食用动物饲用饲料的检验检疫、生产企业的登记备案和监督管理工作，包括受理申请、审核、登记备案和监督管理工作等。

第四条 出口食用动物在饲养场及从饲养场至进口国家和地区（包括台、港、澳）的运输途中所用的饲料，不得含有危害动物健康及可能对人体健康和生命安全造成危害的病原微生物及各种有害物质（如农药、兽药、激素及其他药物残留和重金属残留等），并须经检验检疫机构或其认可的检测机构检验合格。

出口水生动物所用鲜活饵料须来自非疫区，并须用经检验检疫机构认可的有效消毒药物进行消毒处理后方可使用。

第二章　饲料生产企业登记备案

第五条 本着自愿原则，出口食用动物饲料的生产企业可以向所在地直属检验检疫机构申请登记备案。

申请登记备案的饲料生产企业应具备下列条件：

具有企业法人资格；

饲料添加剂、添加剂预混合饲料生产企业具有国务院农业行政主管部门颁发的生产许可证；

具备与饲料生产规模相适应的厂房、设备、工艺和仓储设施；

具有基本的质量、卫生检验设备和相应技术人员；

具备科学的质量管理或质量保证手册，或具有健全的质量和卫生管理体系及完善的出入厂（库）、生产、检验等管理制度；

严格仓储管理。原料库与成品库严格分离；原料库和成品库中不同种类、不同品名、不同批次的原料和饲料分开堆放，码放整齐，标识明确；

在全企业范围内不储存、在生产的饲料或饲料添加剂中不添加我国及食用动物进口国家或地区规定的禁用或未允许添加的药品（含激素）等，并自愿遵守本办法的规定和自愿接受检验检疫机构的监督管理。

申请登记备案的饲料生产企业所生产的出口食用动物饲用饲料必须符合下列条件：

符合《饲料卫生标准》（GB13078-91）规定；

符合《饲料和饲料添加剂管理条例》第十四条和《饲料标签》国家标准（GB10648-93）的规定；

符合相应的饲料或饲料添加剂的产品质量国家标准或行业标准；

不使用国家淘汰、禁止使用的药物（如：在活猪的饲料中不得添加盐酸克伦特罗等乙类促效剂等）；不使用国务院农业行政主管部门或省级人民政府饲料主管部门公布的允许作饲料药物添加剂的药物品种以外的药物，允许添加的药物，必须制成饲料药物添加剂后方可添加；不添加激素类药品（如荷尔蒙）；严格按规定使用国家限制使用的药物；不使用进口国家或地区有特殊禁止使用要求的药物；

饲料添加剂、添加剂预混合饲料具有省、自治区、直辖市人民政府饲料主管部门核发的产品批准文号；

使用的进口鱼粉、豆粕等所有动植物性饲料原料及饲料药物添加剂或矿物质添加剂等均应符合国家进口检验检疫标准和要求，具有检验检疫机构出具的检验检疫合格证明。

第八条 申请登记备案的饲料生产企业向所在地直属检验检

疫机构办理申请手续，填写《出口食用动物饲用饲料生产企业登记备案申请表》（一式3份，式样见附件1），并提交如下材料（各一式2份）：

工商行政管理部门核发的企业法人营业执照复印件；

国务院农业行政主管部门颁发的生产许可证复印件（饲料添加剂、添加剂预混合饲料生产企业提供）；

质量管理（保证）手册或相应的质量管理体系及出入厂（库）、生产、检验管理制度等材料；

申请登记备案的出口食用动物饲用饲料和饲料添加剂的品种清单及其原料的描述材料；

省级人民政府饲料主管部门核发的饲料药物添加剂或添加剂预混合饲料产品批准文号（批准文件复印件）及产品说明书；

饲料中使用的药物添加剂、矿物质添加剂和动植物性饲料原料为进口产品的，应提交检验检疫机构出具的检验检疫合格证明。

第九条 接受申请的直属检验检疫机构根据本办法第六条、第七条的规定，在15个工作日内对申请单位提交的申请书和有关材料进行书面审核，决定是否受理；经审核受理申请的，对申请单位进行实地考核，并按申请的饲料及添加剂品种抽取样品并封样。

第十条 申请单位将封存的样品送检验检疫机构或其指定的检测部门按规定的方法和项目进行检测。检测部门根据实际检测结果如实出具检测报告。

第十一条 受理申请的直属检验检疫机构对经实地考核和饲料样品检验合格的饲料生产企业，给予登记备案，并颁发《出口食用动物饲料生产企业登记备案证》（以下简称《登记备案证》）（一正本、一副本，式样见附件2和附件3）。

《登记备案证》的有效期为5年。有效期满后拟继续生产出口食用动物饲用饲料的,应在有效期满前 3 个月依据本办法重新提出申请。

第十二条 已取得《登记备案证》的饲料生产企业变更登记备案内容时,应提前向发证的直属检验检疫机构申请办理变更手续。

第三章 检验检疫与监督管理

第十三条 出口食用动物注册饲养场从登记备案的饲料生产企业直接购买的经检验检疫机构检验合格的配合饲料、添加剂预混合饲料和浓缩料,检验检疫机构不再进行检验;从非登记备案的饲料生产企业购买的前述饲料,必须经检验检疫机构逐批检验合格后方可使用。

注册饲养场自配饲料的,必须使用前款规定的添加剂预混合饲料或浓缩料,并不得擅自在饲料配制和饲喂过程中添加任何药物(包括激素)。

第十四条 登记备案的饲料生产企业生产的每一新品种的第一批出口食用动物饲料或更改饲料添加剂种类后生产的第一批出口食用动物饲料均应由检验检疫机构抽样检验或由检验检疫机构认可的检测部门进行规定项目的检验,经检验合格的方可出售。

第十五条 根据登记备案的饲料生产企业和自配饲料的出口食用动物饲养场的信誉程度、对检验检疫法规的遵守情况、自身管理水平和检验条件等,检验检疫机构对其生产或自配的出口食用动物饲用饲料实行逐批检验、不定期抽检和免检的分类管理办法。

第十六条 登记备案的饲料生产企业及出口动物饲养场的原料采购、检验、入出库、饲料生产与检验、饲料成品的入出库、出厂等均必须有真实完整的记录;每批产品均应留样并至少保存 60 天;

登记备案或未登记备案的饲料生产企业销往出口动物饲养场的每批饲料均须附具有由生产企业出具的产品质量检验合格证。

第十七条 检验检疫机构对登记备案的饲料生产企业实行日常监督检查与年审相结合的办法进行监督管理。登记备案的企业应按规定每年向直属检验检疫机构申请年审，年审期限为每年的12月1日至翌年的1月30日。

第十八条 登记备案的饲料生产企业，将饲料销往所在地直属检验检疫机构辖区外的出口食用动物饲养场时，应持《登记备案证（副本）》到该动物饲养场所在地直属检验检疫机构办理异地备案手续。

直属检验检疫机构办理异地备案手续时，审验《登记备案证》，并在《登记备案证（副本）》上签章。

登记备案的饲料生产企业与出口食用动物饲养场应建立直接的（包括通过其授权的销售代理直销的）购销关系。

第十九条 严禁登记备案的饲料生产企业和出口食用动物饲养场存放、使用下列物品：

（一）国家淘汰、禁止使用的药物，和国务院农业行政主管部门或省级人民政府饲料主管部门公布的允许作饲料药物添加剂的药物品种以外的药物；

（二）激素类药物；

（三）进口国家或地区（包括港、澳、台）禁止使用的药物；

（四）未经国务院农业行政主管部门登记和/或未经检验检疫机构检验检疫或检验检疫不合格的进口饲料和饲料添加剂；

（五）未经检验检疫机构检验检疫或检验检疫不合格的进口动植物性饲料原料。

严禁登记备案的饲料生产企业销售未经检验检疫机构登记备

案的饲料和未经检验及检验不合格的饲料；

严禁出口食用动物饲养场使用未经检验检疫机构检验合格的饲料，及在配制饲料和饲喂动物过程中擅自添加任何药品及添加剂。

第二十条 出口食用动物饲用饲料的外包装上应附具标签标明产品名称、代号、原料组成、生产日期、保质期、厂名、厂址、检验检疫机构的登记备案编号、产品标准代号、适用动物种类、使用方法和注意事项等。加入饲料药物添加剂的，还应当标明"加入药物饲料添加剂"字样，并标明其化学名称、含量、使用方法及注意事项和饲料添加剂的产品批准文号。

第二十一条 登记备案的饲料生产企业有下列行为之一的，由检验检疫机构注销其《登记备案证》：

违反第十九条第一款、第二款规定的；

（二）日常监督检查不合格、不按规定参加年审或年审不合格且限期内又未改正的；

伪造、变造《登记备案证》或检验检疫机构及其指定检测部门的检验合格证的；或将非本企业生产的饲料以本企业的名义销售给出口食用动物饲养企业的；

私自改变登记备案的饲料种类及药物或矿物质添加剂成分的；

不接受或不配合检验检疫机构监督管理的。

第二十二条 出口食用动物注册饲养场有下列行为之一的，由检验检疫机构注销其《注册登记证》，并禁止其饲养的动物用于出口：

（一）违反第十九条第一款、第三款规定的；

（二）以冒充登记备案的饲料生产企业生产的饲料饲喂出口食用动物的。

第二十三条 登记备案或非登记备案的饲料生产企业生产的饲料中含有违禁药品的，检验检疫机构将在全国范围内禁止出口动物饲养场使用其生产的饲料或饲料添加剂。

登记备案、非登记备案饲料生产企业和出口食用动物饲养场使用违禁药品的，检验检疫机构应及时将有关情况书面通知其所在地的省级人民政府饲料主管部门。

第二十四条 各直属检验检疫机构应将登记备案、办理变更手续的企业名称、地址、邮政编码、法定代表人、电话、传真、备案的饲料名称、代号和组成成份及适用动物种类等内容及时报国家检验检疫局备案，并应将违反第二十一条规定的登记备案与非登记备案的饲料生产企业和出口动物饲养场的名称、地址、邮政编码、法定代表人、电话、传真、违规情节及处罚决定报国家检验检疫局备案。

国家检验检疫局将对前款所述企业、饲养场及时予以公布。

第四章 附 则

第二十五条 违反本办法规定的，检验检疫机构将依据《进出境动植物检疫法》等有关法律法规予以处罚。

第二十六条 本办法由国家检验检疫局负责解释。

第二十七条 本办法自2000年1月1日起施行。

附件：1、《出口食用动物饲料生产企业登记备案申请表》（略）

2、《出口食用动物饲料生产企业登记备案证（正本）》（式样）（略）

3、《出口食用动物饲料生产企业登记备案证（副本）》（式样）（略）